21世纪普通高等院校实训教材

市场营销学实训教程

任文举 邵文霞 夏玉林 ○ 主编

西南财经大学出版社
Southwestern University of Finance & Economics Press

图书在版编目(CIP)数据

市场营销学实训教程/任文举主编.—成都:西南财经大学出版社,2015.1

ISBN 978-7-5504-1752-6

Ⅰ.①市… Ⅱ.①任… Ⅲ.①市场营销学—教材
Ⅳ.①F713.50

中国版本图书馆 CIP 数据核字(2014)第 301064 号

市场营销学实训教程

任文举 邵文霞 夏玉林 主编

责任编辑:邓克虎
助理编辑:李晓嵩
封面设计:何东琳设计工作室
责任印制:封俊川

出版发行	西南财经大学出版社(四川省成都市光华村街55号)
网　　址	http://www.bookcj.com
电子邮件	bookcj@foxmail.com
邮政编码	610074
电　　话	028-87353785　87352368
照　　排	四川胜翔数码印务设计有限公司
印　　刷	四川森林印务有限责任公司
成品尺寸	185mm×260mm
印　　张	11.25
字　　数	275 千字
版　　次	2015 年 1 月第 1 版
印　　次	2015 年 1 月第 1 次印刷
印　　数	1—2000 册
书　　号	ISBN 978-7-5504-1752-6
定　　价	22.00 元

1. 版权所有,翻印必究。
2. 如有印刷、装订等差错,可向本社营销部调换。
3. 本书封底无本社数码防伪标志,不得销售。

前 言

近年来，随着国内外经济形势的变化，我国政府对内需市场的深入开发越来越重视，消费市场的潜力挖掘和转型升级迫在眉睫，庞大的市场和激烈的竞争导致对市场营销人才的需求越来越大。从大学毕业生实际的就业现状来看，不光是营销类专业毕业生，很多其他专业毕业生从事的第一职业就是营销或与营销相关的工作。但从企业人才使用反馈情况看，大多数毕业生的理论结构和技能结构还不能满足企业需要，理论知识偏多，技能知识偏少；理论知识中的专业知识不够深入，技能知识中的专业技能比较缺乏。与此同时，随着我国高等教育深入改革和地方高等院校向应用转型的深化发展，特别是经济管理类专业越来越强调应用技能和实战能力。因此，深入推动和不断改革市场营销课程实训教学迫在眉睫。

本书力求在编写过程中达到思路创新、内容新颖、模式转型、应用加强、规范科学等目标。编者在长期教学过程中积累了大量教学经验和素材，参阅和借鉴了大量市场营销相关的理论和实训教材，通过主持各类企业咨询和培训项目、亲自到企业实践、到一些企业参加相关工作获得了大量教学和职位互动性的实际经验，通过主持各级教学改革研究课题开拓了课程教学改革和教学模式转型的创新视野。因此，本书表现出以下几个方面的特点和创新，并据此提出相应的教学建议。

第一，实训教学思路创新。本书在实训教学模式、实训教学内容、实训教学过程、学生学习训练等多方面进行多维度、多视角、多途径、多方法创新。

第二，实训教学模式创新。本书在教学全程构建了企业模拟运营实训基本形式。虚拟企业营销部门组建的基本形式包括：组建形式、组织架构形式、职位职责设计形式和基于营销理论的营销活动开展形式，科学地把重要理论知识点和重要技能训练点有机融入企业营销部门的组织架构和活动中，提高学生学习的积极性。教师在让学生了解企业基本知识后，结合学生比较熟悉或知名的企业案例，指导学生模仿这些企业营销部门的组织架构、职位设置和活动开展，在课堂组建虚拟企业营销部门。具体示例可参见第一章的营销技能实训模块（模块C）的实训项目1：情景模拟训练——构建模拟企业营销部门。

第三，实训教学内容创新。本书每章都包含引入案例模块（模块A）、基础理论概要模块（模块B）和营销技能实训模块（模块C）。引入案例模块仅仅是对学生学习兴趣的引导和知识的导入。基础理论概要模块并不追求市场营销理论知识的大而全，而是对重要的营销理论和知识点的概要性提示，为营销技能实训模块做好理论准备。营销技能实训模块是本书的重点，每章的营销技能实训模块都包括三个实训项目，涉及观念应用训练、情景模拟训练、方案策划训练和案例分析训练等。由于传统的选择题、判断题、简答题和论述题等并不能很好地测试学生营销技能的掌握程度，本书没有测试题模块，而是代之以科学、全面、全程的实训绩效评价来测试学生营销技能的掌握程度。

第四，实训教学过程创新。每个实训项目都严格按照实训目标确定、实训情景设置、实训内容布置、实训过程与步骤设计（包括受领实训任务、必要的理论引导和疑难解答、实时的现场控制等）和实训绩效评价（每个项目单独进行）的程序展开，力求做到全过程、全方位的学生高度参与和实训教师科学管理与教学。尤其是实训绩效评价由学生和老师基于科学、全面的实训报告双向评价、个体成绩和模拟企业成绩相结合，获得多维度的结果指标和多方面的经验和技能，避免了传统测试的缺陷。

第五，学生学习训练创新。本书让学生构建虚拟企业营销部门，在教学全过程都以企业模拟运营实训的基本形式进行。学生除了个人学习训练之外，还有团队学习训练，极大地提高学生自我学习能力和团队合作能力。本书鼓励学生自己组建企业团队去联系有意向的企业或组织，把问题带到实践中去思考，或把他们的案例带回课堂分析研究；同时，也鼓励学生在课外的各种兼职、创业实践活动中也以自己组建的企业团队方式进行。

本书可以作为应用型本科、专科、高职高专院校学生的市场营销课程教材及商科类专业综合实训教材。在本书的编写过程中，乐山师范学院教师任文举负责全书架构的设计、统稿、总纂及审阅，并撰写了第六、七、八、九、十章。乐山职业技术学院教师邵文霞参与了第一、二、三章的撰写和最后校对工作。成都理工大学工程技术学院教师夏玉林参与了第四、五章的撰写和最后校对工作。在编写过程中，我们参阅了大量相关教材及论著，充分利用网络资源，采用了其中许多资料和观点，获得了大量的帮助，在此向这些作者和资料提供者表示衷心的感谢。但是有很多细节因教材编写的特殊性而无法更加详细地加以注明，由于作者不详或偶有疏漏标注的，在此深表歉意，敬请作者和读者们指教和谅解。同时，也要感谢西南财经大学出版社的专家、编辑及工作人员为本书的顺利出版所付出的辛勤劳动！

鉴于编者的水平和能力有限，书中不妥的地方和有待创新之处敬请读者和同行们不吝赐教，以便进一步完善和提高。

编者
2014 年 9 月 20 日

目 录

第一章 认识市场及市场营销 (1)
模块 A 引入案例 (1)
模块 B 基础理论概要 (4)
模块 C 营销技能实训 (7)
实训项目1：情景模拟训练——构建模拟企业营销部门 (7)
实训项目2：观念应用训练——把梳子卖给和尚 (9)
实训项目3：方案策划训练——男性美容院 (11)

第二章 市场营销环境分析实训 (13)
模块 A 引入案例 (13)
模块 B 基础理论概要 (17)
模块 C 营销技能实训 (22)
实训项目1：观念应用训练——紧盯客户是不够的 (22)
实训项目2：方案策划训练——周边商业的环境SWOT分析 (23)
实训项目3：情景模拟训练——环境分析与应对 (24)

第三章 消费者购买行为实训 (26)
模块 A 引入案例 (26)
模块 B 基础理论概要 (31)
模块 C 营销技能实训 (38)
实训项目1：情景模拟训练——顾客投诉应对 (38)
实训项目2：观念应用训练——消费者的选择 (39)
实训项目3：能力拓展训练——人物描述 (41)

第四章 市场营销调研与预测实训 (43)
模块 A 引入案例 (43)

  模块 B 基础理论概要 …………………………………………………… (46)

  模块 C 营销技能实训 …………………………………………………… (64)

    实训项目 1：方案策划训练——拟订调查方案 ………………………… (64)

    实训项目 2：方案策划训练——设计调查问卷 ………………………… (65)

    实训项目 3：方案策划训练——撰写调查报告 ………………………… (66)

第五章 市场营销战略实训 ……………………………………………… (68)

  模块 A 引入案例 ………………………………………………………… (68)

  模块 B 基础理论概要 …………………………………………………… (71)

  模块 C 营销技能实训 …………………………………………………… (81)

    实训项目 1：方案策划训练——STP 策划方案 ………………………… (81)

    实训项目 2：能力拓展训练——产品与广告搭配 ……………………… (82)

    实训项目 3：情景模拟训练——电冰箱的市场定位 …………………… (83)

第六章 产品策略实训 …………………………………………………… (86)

  模块 A 引入案例 ………………………………………………………… (86)

  模块 B 基础理论概要 …………………………………………………… (90)

  模块 C 营销技能实训 …………………………………………………… (99)

    实训项目 1：情景模拟训练——英特尔产品标志语 …………………… (99)

    实训项目 2：方案策划训练——产品说明书设计训练 ………………… (101)

    实训项目 3：能力拓展训练——新产品开发 …………………………… (103)

第七章 定价策略实训 …………………………………………………… (105)

  模块 A 引入案例 ………………………………………………………… (105)

  模块 B 基础理论概要 …………………………………………………… (109)

  模块 C 营销技能实训 …………………………………………………… (117)

    实训项目 1：观念应用训练——价格现象评析 ………………………… (117)

    实训项目 2：方案策划训练——投标说明书设计训练 ………………… (118)

实训项目3：情景模拟训练——商品拍卖 …………………………………（120）

第八章　分销策略实训 …………………………………………………………（122）
　模块 A　引入案例 ………………………………………………………………（122）
　模块 B　基础理论概要 …………………………………………………………（124）
　模块 C　营销技能实训 …………………………………………………………（132）
　　实训项目1：情景模拟训练——手机企业转型 …………………………………（132）
　　实训项目2：方案策划训练——销售代理协议书设计训练 ……………………（134）
　　实训项目3：情景模拟训练——渠道的烦恼 ……………………………………（135）

第九章　促销策略实训 …………………………………………………………（137）
　模块 A　引入案例 ………………………………………………………………（137）
　模块 B　基础理论概要 …………………………………………………………（139）
　模块 C　营销技能实训 …………………………………………………………（150）
　　实训项目1：情景模拟训练——销售淡季的促销 ………………………………（150）
　　实训项目2：方案策划训练——产品促销方案策划训练 ………………………（151）
　　实训项目3：能力拓展训练——推销员和顾客 …………………………………（153）

第十章　市场营销计划、执行与控制实训 ……………………………………（155）
　模块 A　引入案例 ………………………………………………………………（155）
　模块 B　基础理论概要 …………………………………………………………（158）
　模块 C　营销技能实训 …………………………………………………………（163）
　　实训项目1：情景模拟训练——大海求生 ………………………………………（163）
　　实训项目2：方案策划训练——市场营销计划创作训练 ………………………（165）
　　实训项目3：观念应用训练——产品用途拓展 …………………………………（166）

主要参考文献 ……………………………………………………………………（169）

第一章　认识市场及市场营销

实训目标：

（1）深入理解市场的内涵。
（2）深入理解市场营销的内涵。
（3）理解市场营销观念的发展与演变。
（4）深入理解市场营销管理的内涵。

模块 A　引入案例

淘宝网十周年大事记

2003 年，中国人对网上购物已不再陌生。电子商务巨头美国易贝（eBay）在 2003 年投资 1.8 亿美元（约合 14.8 亿元人民币），接管易趣，实现了进军中国市场的战略目标。该公司由此在中国网络购物市场中具有绝对优势，占据着 90% 以上的市场份额，拥有良好的品牌优势和用户基础。

2003 年

2003 年 5 月 10 日，淘宝网成立，由阿里巴巴集团投资创办。

2003 年 10 月，淘宝网推出了第三方支付工具"支付宝"，以"担保交易模式"使消费者对淘宝网上的交易产生信任。

2003 年 12 月 1 日，淘宝乔迁，湖畔时代正式结束，淘宝进入华星时代。

2003 年淘宝网总成交额 3400 万元。

2004 年

2004 年，淘宝网在竞争对手的封锁下获得突破性增长。作为新生事物的淘宝网出奇制胜——没和易贝争抢既有存量市场，而是收割疯狂生长的增量市场，仅仅通过 1 年时间，淘宝网就成了中国网络购物市场的领军企业。

2004 年 4 月 5 日，淘宝网、世纪龙信息网络有限责任公司（21CN）缔结盟约联手打造互联网购物豪门。

2004 年 6 月，淘宝网推出另一大法宝"阿里旺旺"，将即时聊天工具和网络购物联系起来。阿里旺旺作为细分即时聊天工具，具有整合沟通交流、交易管理等多种功能，其前身是阿里巴巴的贸易通。

2005 年

2005 年，淘宝网超越易贝，并且开始把竞争对手们远远抛在身后。

2005 年 5 月，淘宝网超越日本雅虎，成为亚洲最大的网络购物平台。

2005 年淘宝网成交额突破 80 亿元，超越沃尔玛（中国）营业额。

2006 年

2006 年，中国网民突破 1 亿人，淘宝网稳坐亚洲最大购物网站位置。淘宝网第一次在中国实现了一个可能——互联网不仅是作为一个应用工具存在，将最终构成人们的生活基本要素。很多都市白领下班后已经不再去周边商厦逛街购物，而是开始习惯上网"逛街"。"没有人上街，不等于没有人逛街"，数据显示，每天有近 900 万人上淘宝网"逛街"。

2007 年

2007 年，淘宝网不再是一家简单的拍卖网站，而是亚洲最大网络零售商圈。这一年，淘宝网全年成交额突破 400 亿元，这 400 多亿元不是消费者间（C2C）创造的，也不是企业对消费者（B2C）创造的，而是由很多种零售业态组成在一起创造出来的。

2007 年淘宝网成交额达到 433 亿元，成为中国第二大综合卖场。

2008 年

2008 年 1 月 25 日，"宝贝传奇"正式上线，第一期的主题是鼠年剪纸。

2008 年 2 月 29 日，"财神"正式离开淘宝网进入学习轮休期，"铁木真"接任淘宝网总裁。

2008 年 3 月 8 日，淘宝千岛湖项目顺利发布，打造了用户中心、交易中心，并把交易核心过程进行重组，全部重写了代码。

2008 年 4 月 10 日，淘宝企业对消费者（B2C）新平台淘宝商城上线。

2008 年 4 月 15 日，淘宝"TOP（Taobao Open Platform）V1.0- sandbox"正式发布，打造行业产业链。

2008 年 5 月 12 日，汶川地震捐款平台上线，共筹得网友捐款超 2000 万元。

2008 年 7 月 5 日，淘宝网举行了五周年庆典，马云代表阿里巴巴集团宣布对淘宝网追加 20 亿元投资。

2008 年 9 月 4 日，阿里巴巴集团宣布，正式启动"大淘宝战略"第一步——旗下淘宝网和阿里妈妈即日起合并发展，共同打造全球最大的电子商务生态体系。

2008 年 9 月，淘宝网单月交易额突破百亿元大关。

2008 年 10 月 8 日，淘宝网总裁陆兆禧在北京宣布，为进一步推进"大淘宝"战略，阿里巴巴集团未来 5 年对淘宝网投资 50 亿元人民币。

2008 年 12 月 30 日，在淘宝城工地，杭州市委市政府、余杭区委区政府宣布，淘宝城项目正式开工。根据规划，在未来 5 年内，将投资 13.6 亿元，在余杭区 450 亩的土地上建成世界上第一个淘宝城。

2009 年

2009 年 1 月 13 日，淘宝网对外宣布 2008 年交易额达 999.6 亿元，同比增长 131%，已成为中国最大的综合卖场。

2009年8月21日，阿里巴巴集团宣布，基于大淘宝战略，将口碑网注入淘宝网。

2009年11月24日，中国东方航空集团携手阿里巴巴集团共同签订战略合作协议。同时，东航将在淘宝网开启官方旗舰店，开放全舱位全航段机票在线销售。

2009年12月15日，淘宝网正式宣布首次推出3款淘宝定制手机。

2009年12月18日，第三届网货交易会在成都举行，目的是打通2300亿元网货内需市场和中西部地区对接管道，帮助中西部地区实现从外销驱动型到内需拉动型的发展模式转型，实现新商业文明下中西部地区的崛起。

2009年12月29日，淘宝网与湖南广电集团旗下国内领先的传媒娱乐机构湖南卫视在长沙达成战略合作意向，开创传统电视与电子商务跨媒体合作的先河。

2010年

2010年1月1日，淘宝网发布全新首页，新首页秉持"清晰、精致、迅捷"的原则，强化搜索功能、页面导航和对新用户的引导帮助作用。

2010年3月，聚划算上线，成为淘宝网旗下的团购平台，主推网络商品团购。

2010年4月，阿里妈妈变脸为"淘宝联盟"，成为中国最大的广告联盟。

2010年10月底，淘宝旗下的搜索引擎一淘（Etao）正式推出全网搜索，用户可以选择从搜狐搜狗（Sogou）或者微软必应（Bing）上获取结果。

2010年11月，淘宝商城启动独立域名。

2011年

2011年2月28日，淘宝因售卖假货被美国贸易代表办公室列入恶名市场。

2011年6月16日，马云发出内部邮件，调整淘宝架构，原淘宝网一分为三：一淘网、淘宝网（淘宝集市）和淘宝商城。三家公司独立运营，分别由彭蕾、陆兆禧、曾鸣负责，共用技术和公共服务平台。

2011年6月20日，淘宝医药馆上线，开业18天即关张；12月，淘宝医药馆再度开张，仅做展示，不出售药品。

2011年10月12日，淘宝商城发新规清理小卖家引内乱，大卖家遭围攻。

2011年10月20日，分拆聚划算，团购业务独立运营，阎利珉担任总经理。

2011年10月27日，京东商城、苏宁易购、当当网先后屏蔽"一淘抓取"。

2011年11月11日，淘宝一日成交额达33.6亿元，同比增长259%。

2012年

2012年1月，淘宝商城宣布更改中文名为天猫，加强其平台的定位。

2012年6月天猫书城正式上线，首期1000多家图书网店推出的130万种、6000万本图书。图书市场将面临新一轮的洗牌。

2012年11月11日，天猫与淘宝两家网购单日纪录再次刷新为天猫132亿元、淘宝59亿元，合计191亿元。

2013年

2013年1月，阿里巴巴调整为25个事业部，已经没有"淘宝"字眼。淘宝作为大实体，已经拆成更小的事业部，分别是类目运营事业部、数字业务事业部、综合业务事业部、消费者门户事业部和互动业务事业部。

2013年4月29日，阿里巴巴通过其全资子公司阿里巴巴（中国）以5.86亿美元（约合36.22亿元人民币）购入新浪微博公司发行的优先股和普通股，占新浪微博公司全稀释摊薄后总股份的约18%，将淘宝电商和社会性网络服务（SNS）的结合进行到底。

2013年5月10日，淘宝成立十周年。

数据显示，2013年上半年手机淘宝用户数突破1亿人，淘宝网注册用户总数突破4亿人，全年淘宝网和天猫总交易额超过1万亿元。

（资料来源：孙杰．淘宝网十周年大事记盘点．http：//ec.iresearch.cn/shopping/20130509/199274.shtml．有删改）

案例思考：

(1) 思考市场的巨大力量。
(2) 思考我国市场发生的巨大变化。
(3) 思考市场营销的巨大力量。

模块B 基础理论概要

一、市场的内涵

市场（Market）起源于古时人类对于固定时段或地点进行交易的场所的称呼，指买卖双方进行交易的场所。市场是社会分工和商品经济发展的必然产物，同时市场在其发育和壮大过程中也推动着社会分工和商品经济的进一步发展。

市场是商品经济中生产者与消费者之间为实现产品或服务价值，满足需求的交换关系、交换条件和交换过程。市场是商品交换的场所，是某种商品的购买者集合，是卖方、买方、竞争者的集合，是利益攸关者的集合。广义上说，所有产权发生转移和交换的关系都可以成为市场（吴建安，2011）。简化的市场系统示意图如图1-1所示：

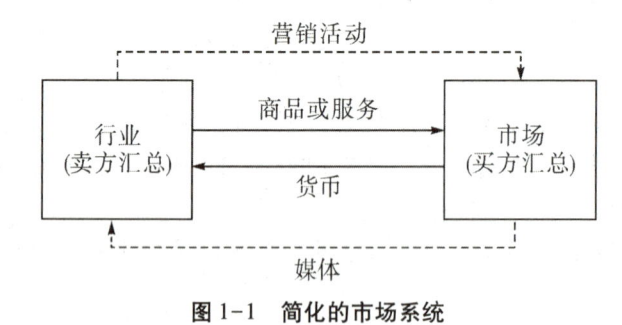

图1-1 简化的市场系统

二、市场营销的内涵

市场营销（Marketing）的权威定义有美国市场营销协会和"现代营销学之父"菲

利普·科特勒的定义。

美国市场营销协会（American Marketing Association，AMA）对市场营销的定义：市场营销是在创造、沟通、传播和交换产品中，为顾客、客户、合作伙伴以及整个社会带来价值的一系列活动、过程和体系。该定义于 2013 年 7 月通过美国市场营销协会董事会一致审核通过。

菲利普·科特勒（Philip Kotler）对市场营销的定义：市场营销是通过创造和交换产品及价值，从而使个人或群体满足欲望和需求的社会过程和管理过程。

市场营销的主体可以是个人、组织和其他，最具典型意义的主体是企业。市场营销的实质是一种社会性的经营管理活动，本质是一种商品交易活动，客体（对象）是市场，媒体是产品或服务，最终目标是满足个人或群体的欲望和需求，宗旨是通过满足消费者需要实现企业营利的目的，手段是企业整体性营销活动，总体原则是等价交换。[①] 市场营销的核心是交换，是一个主动寻找机会、满足双方需求的社会过程和管理过程。交换过程顺利进行的条件取决于营销者创造的产品和价值满足顾客需求的程度以及对交换过程管理的水平。

三、市场营销观念的发展与演变

市场营销观念产生于 20 世纪初期的美国。市场营销观念是企业组织管理市场营销活动时的基本指导思想和行为准则的总和，也就是企业的经营哲学，是一种观念，一种态度，一种企业思维方式。

企业的市场营销观念决定了企业如何看待顾客和社会利益，如何处理企业、社会和顾客三方的利益协调问题。企业的市场营销观念经历了从最初的生产观念、产品观念、推销观念到市场营销观念和社会市场营销观念的发展和演变过程。真正的营销观念形成于第四个阶段的市场营销观念，这是市场营销观念演变进程中的一次重大飞跃。市场营销观念的演变过程如表 1-1 所示：

表 1-1　　　　　　　　　　市场营销观念的演变

阶段		时间	口号
企业利益导向阶段	生产观念	19 世纪末 20 世纪初	我们生产什么，就卖什么
	产品观念	20 世纪 20～30 年代	我们立足于生产好东西
	推销观念	20 世纪 30～40 年代	我们卖什么，就让人们买什么
顾客利益导向阶段	市场营销观念	20 世纪 50 年代	顾客需要什么，我们就生产什么
社会利益导向阶段	社会市场营销观念	20 世纪 70 年代	增进顾客和社会的福利

四、市场营销管理

美国市场营销协会（AMA）于 2007 年公布了最新的市场营销管理定义，即市场营

---

① 张卫东. 市场营销理论与实践［M］. 北京：电子工业出版社，2011.

销管理是创造、沟通、传递、交换对顾客、客户、合作伙伴和整个社会具有价值的提供物的一系列活动、组织、制度和过程。

市场营销管理的基本任务是通过营销调研、计划、执行与控制来管理和调节目标市场的需求水平、时机和性质，以实现企业的营销目标。

市场营销管理的本质是需求管理。需求的状态具有很大的不稳定性和不确定性，如图1-2所示，各种需求状态的特征及相应的市场营销管理任务和措施如表1-2所示：

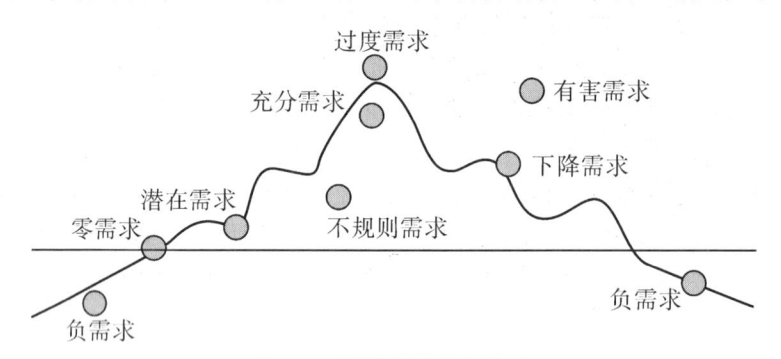

图1-2 需求的状态和性质

表1-2 市场营销管理任务表

需求状态	需求特征	任务	措施
负需求	厌恶、回避	转变营销	转变观念、培养习惯、重新设计产品
零需求	漠不关心	激发营销	消费者教育、引导需求、激发需求
潜在需求	暂不具备满足条件	开发营销	创设条件、消除壁垒、降低门槛
不规则需求	供求时空上不协调	协调营销	差别定价、促销协调、区别对待
充分需求	供求基本平衡	维持营销	保证质量、维持充分、延长寿命
过度需求	远远供不应求	限制营销	提高价格、减少促销、增加供给
下降需求	呈下降趋势需求	重振营销	促销激励、产品开发、激发人气
有害需求	有害社会或个人	反营销	劝说引导、资格认证、身份限制

五、市场营销核心概念

（一）需要、欲望与需求

需要（Needs）是指没有得到满足而产生的客观感受。欲望（Wants）是指为了得到满足而对具体物品的需要。需求（Demands）是指有货币支付能力的欲望，即具有购买意向、支付能力的具体物的需要。

（二）交换与交易

交换（Exchange）是通过向市场提供他人所需所欲之物作为回报，以获取自己所需所欲之物的过程。交易（Transaction）是交换活动的基本单元，由双方之间的价值交换构成的行为，涉及两种以上有价之物、协议一致的条件、时间和地点等。

（三）产品、供应品与品牌

产品（Product）是指任何能用以满足人类某种需要或欲望的东西，包括产品实体、服务和创意等方面。供应品（Offering）是指一系列能满足需求利益的集合，主要包括商品、服务、事件、体验、人物、地点、财产权、组织、信息和观念等。品牌（Brand）是一个名称、名词、符号或设计，或者是它们的组合，其目的是识别某个销售者或某群销售者的产品或劳务，并使之同竞争对手的产品和劳务区别开来。

（四）顾客价值与顾客满意

顾客价值（Value）是指顾客从拥有和使用某产品中所获得的价值与为取得该产品所付出的成本之差。顾客满意（Satisfaction）取决于消费者所感觉到一件产品的效能与其期望值进行比较。

（五）市场营销组合

市场营销组合是指企业为实现预期目标，将营销中的可控因素进行有机组合（尼尔·鲍顿，1950；杰罗姆·麦卡锡，1960）。

模块 C 营销技能实训

实训项目 1：情景模拟训练——构建模拟企业营销部门

1. 实训目标
（1）对企业的营销部门设置有初步的感性认识；
（2）通过模拟企业营销部门完成各项任务，加深对营销活动与过程的认识；
（3）加强对实践实训的教师教学控制和学生自我控制。
2. 实训情景设置
（1）把班级按模拟企业营销部门进行分组；
（2）模拟企业营销部门运行情景；
（3）基于企业模拟的任务设置。
3. 实训内容
企业营销部门简化结构示例如图 1-3 所示：

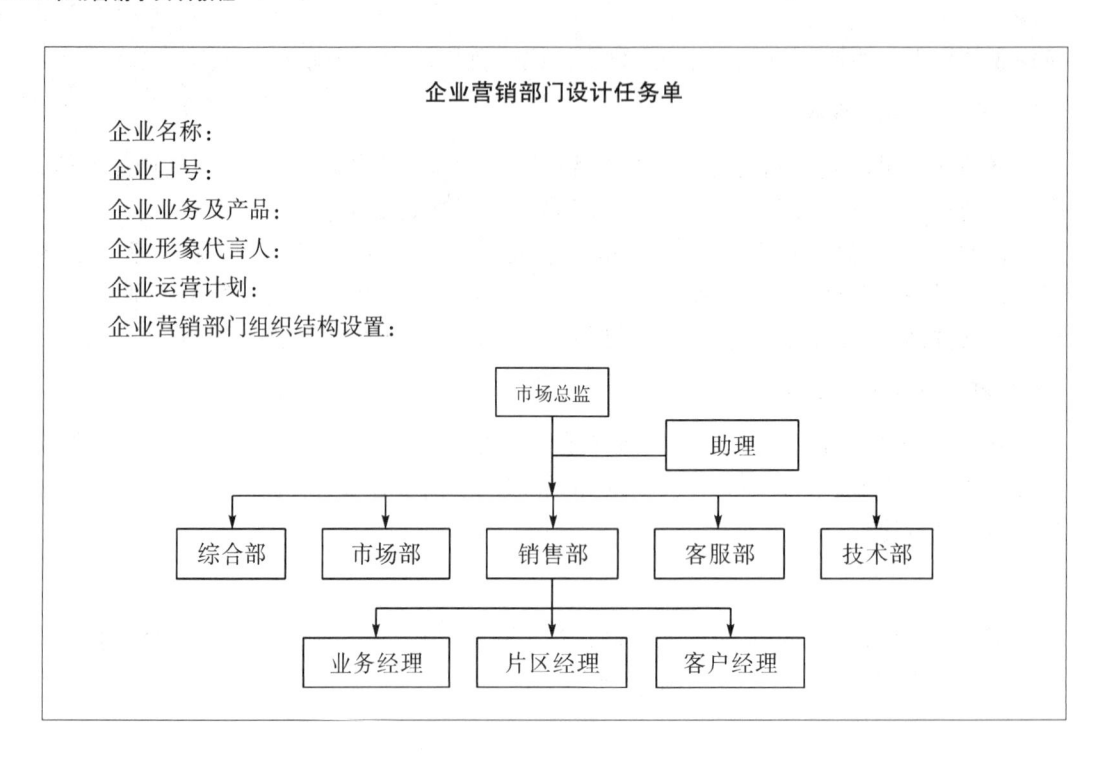

```
企业营销部门设计任务单

企业名称：
企业口号：
企业业务及产品：
企业形象代言人：
企业运营计划：
企业营销部门组织结构设置：

                    市场总监
                       |——————助理
        ┌────┬────┬────┼────┬────┐
      综合部 市场部 销售部 客服部 技术部
                    │
          ┌─────────┼─────────┐
        业务经理   片区经理   客户经理
```

图 1-3 企业营销部门简化结构示例

4. 实训过程与步骤

（1）以自愿的原则选出每个模拟企业的负责人（营销总监）；

（2）由营销总监负责完成模拟企业营销部门组建，每个企业 6~8 人为宜；

（3）完成企业营销部门设计任务单，一式两份，企业保留一份，提交实训教师一份；

（4）必要的理论和操作方面的引导和疑难解答；

（5）实时的现场控制；

（6）任务完成时的实训绩效评价。

5. 实训绩效

```
_____实训报告
第_____次市场营销实训
实训项目：_____
实训名称：_____
实训导师姓名：_____；职称（位）：_____；单位：校内□ 校外□
实训学生姓名：_____；专业：_____；班级：_____
实训学期：_____；实训时间：_____；实训地点：_____
实训测评：
```

评价项目	教师评价	得分	学生自评	得分
任务理解（20分）				
情景设置（20分）				
操作步骤（20分）				
任务完成（20分）				
训练总结（20分）				

```
教师评价得分：_____  学生自评得分：_____  综合评价得分：_____
实训总结：
获得的经验：_____
         _____
存在的问题：_____
         _____
提出的建议：_____
         _____
```

实训项目2：观念应用训练——把梳子卖给和尚

1. 实训目标

（1）通过案例分析深入理解市场的内涵及作用；

（2）通过案例分析深入理解市场营销的内涵及作用；

（3）通过案例分析深入理解需求及需求管理。

2. 实训情景设置

（1）按模拟企业分组进行；

（2）每个企业模拟不同的案例情景；

（3）发现现实市场中的相似情景。

3. 实训内容

某公司招聘营销人员，主考官给众多求职者出了一道实践题目：给大家一批木梳，如何尽量多的把梳子卖给和尚。

出家人剃度为僧，木梳何用？众多应聘者疑惑不解，认为主考官是在开玩笑或是神经错乱，都非常不满地拂袖而去。最后只剩下甲、乙、丙三个人。

主考官向三人交代：这批木梳数量不限，任由自取，每个人分头推销，卖得越多越好，以 10 日为限，回来向主考官报告销售情况，公司将择优录取。

10 天一到，甲、乙、丙三个人都回来了，向主考官报告销售情况。

甲卖出了 1 把，并讲述了经历的辛苦。甲跑了 3 座寺院，游说和尚应当买把梳子，无甚效果，还惨遭一些和尚的责骂和追打，真是倒霉透顶了。幸好在下山途中遇到一个小和尚一边晒太阳，一边使劲挠着头皮。甲灵机一动，递上木梳，小和尚用后满心欢喜，于是买下一把。

乙卖出了 10 把，并不无得意地介绍了自己的推销方法。乙去了一座位于高山之巅的名山古寺，那里香客很多。长途跋涉和山风吹拂，进香者的头发都被吹乱了。乙找到寺院的住持说："香客一心敬佛，蓬头垢面是对佛的不敬。应在每座香案前放把木梳，供善男信女在拜佛前先梳理头发。"住持采纳了他的建议。那座庙有 10 座香案，于是住持买下了 10 把木梳。

丙卖出了 1000 把，并十分平静和清晰地向主考官汇报了销售情况。丙到了一个颇具盛名、香火极旺的深山宝刹，朝圣者、施主络绎不绝。丙在佛殿之前凝思片刻，找到住持，并摆起了"龙门阵"："凡来进香参观者，多虔诚祈求保佑，慷慨施舍。宝刹应回赠其佛家吉祥物以做纪念，保佑其平安吉祥，鼓励其多做善事，并扩大寺庙的影响，一举多得。木梳作用于头部，乃理想的吉祥之物，刻上'积善梳'三个字，再加上大师飘逸的书法，定大受欢迎。"住持闻言大喜，立即买下 1000 把木梳。得到"积善梳"的施主与香客也很是高兴，一传十、十传百，朝圣者更多了，寺庙香火更旺。主持还约请丙下周再送一批木梳来。

公司认为，三个应考者代表着营销工作中三种类型的人员，各有特点。甲是一位执著型推销人员，有吃苦耐劳、锲而不舍、真诚感人的优点；乙具有善于观察事物和推理判断的能力，能够站在客户服务的角度，因势利导地实现销售；丙通过对目标人群的分析研究，最后站在客户利益的角度，大胆创意、有效策划，开发了一种新的市场需求。公司决定聘请甲、乙两位应聘者为一般营销人员；由于丙过人的智慧，公司决定聘请他为市场部主管。

（资料来源：张卫东. 市场营销理论与实践［M］. 北京：电子工业出版社，2011. 有删改）

问题：（1）该案例中的产品市场是否存在？

（2）该案例中的产品的需求是否存在？存在的状态如何？

（3）怎样通过该案例说明市场营销的力量？

4. 实训过程与步骤

（1）每个企业受领实训任务；

（2）讲解案例分析的方法与要领；

（3）必要的理论引导和疑难解答；

（4）实时的现场控制；

（5）任务完成时的实训绩效评价。

5. 实训绩效

```
_____实训报告
第_____次市场营销实训
实训项目：_____
实训名称：_____
实训导师姓名：_____；职称（位）：_____；单位：校内□ 校外□
实训学生姓名：_____；专业：_____；班级：_____
实训学期：_____；实训时间：_____；实训地点：_____
实训测评：
```

评价项目	教师评价	得分	学生自评	得分
任务理解（20分）				
情景设置（20分）				
操作步骤（20分）				
任务完成（20分）				
训练总结（20分）				

教师评价得分：_____ 学生自评得分：_____ 综合评价得分：_____

实训总结：

获得的经验：_____

存在的问题：_____

提出的建议：_____

实训项目3：方案策划训练——男性美容院

1. 实训目标

（1）通过方案策划深入理解需求及需求管理的内涵；

（2）初步了解营销策划及营销策划书；

（3）初步了解创业计划及创业计划书。

2. 实训情景设置

（1）按模拟企业分组进行；

（2）每个企业模拟不同市场的策划情景。

3. 实训内容

男性美容院在我国一直得不到快速发展，请分析原因，并结合市场和市场营销相关知识，策划一个将男性消费者对美容产品和服务无需求或负需求状态转变为高需求状态的方案，并最终形成一份简要的创业计划（概要性说明，1000字左右）。

4. 实训过程与步骤

（1）每个企业受领实训任务；

（2）讲解营销策划和创业计划的方法与要领；

（3）必要的理论引导和疑难解答；

（4）实时的现场控制；

（5）任务完成时的实训绩效评价。

5. 实训绩效

_____实训报告
第_____次市场营销实训

实训项目：_____

实训名称：_____

实训导师姓名：_____；职称（位）：_____；单位：校内□ 校外□

实训学生姓名：_____；专业：_____；班级：_____

实训学期：_____；实训时间：_____；实训地点：_____

实训测评：

评价项目	教师评价	得分	学生自评	得分
任务理解（20分）				
情景设置（20分）				
操作步骤（20分）				
任务完成（20分）				
训练总结（20分）				

教师评价得分：_____ 学生自评得分：_____ 综合评价得分：_____

实训总结：

获得的经验：_____

_____

存在的问题：_____

_____

提出的建议：_____

_____

第二章　市场营销环境分析实训

实训目标：

(1) 深入理解市场营销环境综合模型。
(2) 深入理解和应用市场营销宏观环境及其分析。
(3) 深入理解和应用市场营销环境综合分析方法。

模块 A　引入案例

"都是 PPA 惹的祸"

几年前，"早一粒，晚一粒"曾是国人耳熟能详的广告，而康泰克也因为服用频率低、治疗效果好而成为许多人感冒时的首选药物。可自从 2000 年 11 月 16 日国家药监局负责人紧急召开记者会，告诫患者立即停止服用所有含 PPA 的药品制剂以来，包括康泰克在内的 15 种"禁药"顷刻间从药店货架上消失。人们突然怀着怀疑和恐惧的心理对待该药，这一切都源于康泰克所含有的一种 PPA 成分。PPA 是苯丙醇胺的英文缩写，是一种血管收缩和中枢神经系统兴奋药，是感冒咳嗽药处方成分之一。事实上，早在 20 多天前，PPA 就已在美国引起恐慌。于是有人大发感慨："都是 PPA 惹的祸！"那么，事实果真如此吗？

耶鲁报告激起千层浪

2000 年 10 月 19 日，美国食品药品监督管理局（FDA）一个顾问委员会紧急建议：应把 PPA 列为"不安全"类药物严禁使用，因为一项研究结果表明，服用含有 PPA 制剂，容易引起过敏、心律失常、高血压、急性肾衰、失眠等严重不良反应，甚至可能引发心脏病和中风。

早在 5 年前，耶鲁大学的专家就开始进行一项"出血性中风课题"研究，旨在搞清楚人们广泛使用的感冒药和减肥药中的 PPA 成分是否可能导致出血性中风（或称脑溢血）。PPA 在治疗感冒、咳嗽的非处方类药品的成分中最为常见，而 PPA 更是美国批准的唯一一种非处方类减肥药。因此，如果美国食品药品监督管理局听从了这一建议，决定禁售相关药品，那么包括生产康泰克在内的许多制药公司，无疑将受到沉重打击。

专家经过对近 2100 名 18~19 岁成年男女进行对比调查和长达 5 年的跟踪研究，耶鲁大学医学院报告指出：有病例显示，服用含有 PPA 药物的病人容易发生脑中风。在研究期内服用含 PPA 药品的病人，比服用其他药物的病人患脑中风的机会高出 23%；服用含 PPA 的控制食欲类药物（即某些减肥药）的妇女，患脑中风的机会增加了 16 倍。

耶鲁大学的研究结果引起了美国公众极大关注，并终于导致 2000 年 11 月 6 日，美国食品药品监督管理局要求全美国药厂、药店停止生产和销售含 PPA 成分的药品，同时紧急告诫公众不要购买含有 PPA 成分的感冒药和减肥药。

全球感冒药"着了凉"

美国食品药品监督管理局的决定犹如一枚重磅炸弹，禁药潮迅速涉及全世界。

在美国，禁药第二天新药已上市。在耶鲁大学报告提出的第二天，美国各大制药公司便迅速采取措施，寻找 PPA 的代用品。一些"料事如神"的公司竟然同步推出了新药。美国制药公司反应之快的确令人咋舌，包括"迪米塔普"、"康特里克斯"在内的著名制药公司，已于 2000 年 10 月 20 日开始推销不含 PPA 的感冒、咳嗽类药。据这些公司的内部人士透露，事实上各大公司都知道耶鲁大学一个研究小组在对 PPA 进行研究，为防万一，都在暗中研制不含 PPA 的新药，一旦禁止使用 PPA，可以立即把新药推向市场。一些律师指出，虽然含有 PPA 的药品只占各大制药公司产品的很小一部分，但是由于涉及健康问题，因此很有必要问一问：这些制药公司是否早就知道或者应该知道 PPA 对人体的危害。如果这些公司知道或应该知道，那么无论在美国的哪个州，这都是一种过失。如果他们知道而没有告诉大众，就可以认定是故意过失，将意味着应受惩罚。

在墨西哥，部长呼吁禁药。墨西哥药品市场上畅销抗感冒药很多是从美国进口或从中美洲国家走私而来。美国宣布禁药后的几天，不少感冒患者宁愿忍受高烧不退或咳嗽不止的痛苦，也不敢使用任何一种抗感冒药，许多医院和药店纷纷向厂家退货，厂家和销售商损失惨重。据墨西哥卫生部门统计，在墨西哥药品市场上销售的 53 种国产和进口的抗感冒药都含 PPA 成分。卫生部长何塞·安东尼奥于 2000 年 11 月 9 日做出暂时禁止进口抗感冒药品的决定。

在英国，紧急调查。2000 年 11 月 10 日，英国卫生部下令紧急调查 PPA。不过英国并未仿效美国做法对此种药品发出禁令。为了缓解百姓担忧，英国卫生部门试图淡化 PPA 与中风的必然联系，声称目前并没有足够证据表明 PPA 可能导致中风，只是有可能加大中风的危险性和可能性。尽管如此，卫生部还是列出了包括康泰克在内的 14 种含有 PPA 成分的药品名称，并警告说 PPA 的每日摄入量不得超过 100 毫克，患有高血压、甲状腺功能亢进、心脏病的患者严禁服用含 PPA 成分的感冒药。

在日本，公众反应激烈。据日本厚生省公布的数字，市面上销售的感冒药、鼻炎药和止咳药中有 65 种含有 PPA。2000 年 11 月 7 日，《读卖新闻》等媒体迅速向社会公布这些药物名称，以提醒公众在选择药物时注意安全。厚生省表示暂不准备采取回收行动，原因是在日本这种成分只被许可用于感冒药。不过日本公众做出了与政府不同的反应，许多感冒患者开始拒绝服用含有 PPA 成分的抗感冒药。

新加坡卫生部于 2000 年 11 月 10 日要求所有药品公司停止批发并收回所有含 PPA 成分的药品。针对有人对过去曾服用感冒药和减肥药的担心，新加坡卫生部表示，感冒药和减肥药中的PPA成分很快就会被排出体外，不会对人体造成长期危害。

马来西亚卫生部于2000年11月11日宣布，从当天起马来西亚暂停销售并收回市场上含有PPA成分的47种感冒药。

席卷世界的全球禁药多米诺骨牌终于推到中国，2000年11月16日，国家药监局负责人紧急告诫病患者，立即停止服用所有含PPA成分的药品制剂。国家药品不良反应监测中心提供的现有统计资料及有关资料显示，服用含PPA的药品制剂后易出现严重不良反应，如过敏、心律失常、高血压、急性肾衰、失眠等症状，表明此类药品制剂存在不安全问题。为保证人民用药安全有效，国家药监局要求立即暂停使用和销售所有含PPA的药品制剂，同时暂停国内含PPA的新药、仿制药、进口药的审批工作。同时，各大媒体公布了国内含PPA的药品制剂品种名单。

在该名单里，康泰克和康必得是最负盛名的感冒药品牌，其生产厂家中美史克一下成为媒体关注的焦点。在禁药令后的记者招待会上，面对记者不停地追问，中美史克老总杨伟强多次重申："国家药监局的一切决定，中美史克都服从。中美史克在中国的土地上生活，一切听中国政府的安排，作为一个企业一定要支持国家的决定。"接着，中美史克在媒体上发布了关于PPA问题的声明。声明重申："获悉国家药监局的这一决定后，我公司深为关注，本着关心消费者健康的宗旨，我公司已经采取措施积极响应国家药监局的通告精神，我公司愿意全力配合国家药政部门的有关后续工作，并静候国家药品监督管理局的最后裁决。"中美史克在国家药监局发出通知的第二天就停止了销售，同时康泰克与康必得进入了停产的程序。据业内人士估计，以中美史克以往的销量和售价估算，中美史克由于禁药有可能损失人民币6亿元左右。

由于占据感冒药销售鳌头的康泰克被封杀出局，这对素来重视生产纯天然绿色药物的民族药业及其产品如白加黑、康威双效、三九感冒灵等品牌无疑是利好消息，康泰克下了架，一些药厂便抓住了机会。例如，999感冒灵打出耐人寻味的广告词"关键时刻，表现出色"；中美上海施贵宝做出"百服宁感冒咳和退烧止痛系列产品没有PPA"的声明。这些厂家借助媒体宣传其安全性和可靠性，从而在2000年冬季进一步占据了大量的市场份额。据业内人士分析，由于以康泰克为首的一些感冒药因不符合有关规定而被禁止销售，感冒药市场立刻出现巨大的市场空间，这一空间估计为每年20亿元的销售额。

中美史克"危机公关"

由于康泰克被醒目地钉上媒体的第一审判台，在很多媒体上都可以看到PPA等于康泰克或者将二者相提并论的现象。于是，一场关系康泰克生产厂家中美史克企业形象及其他产品市场命运的危机来临了。

2000年11月16日，中美史克接到天津市卫生局传真，要求立即暂停使用含PPA成分药物，康泰克和康必得并列政府禁止令榜首，危机由此开始。中美史克在接到通知后，立即组织专门的危机管理小组，并将职责划分为危机管理领导小组、沟通小组、市场小组和生产小组。危机管理领导小组的职责是确定对危机的立场基调，统一口径，以免引起局面混乱，并协调各小组工作；沟通小组负责内外部信息沟通，是公司所有信息的发布者；市场小组负责加快新产品开发；生产小组负责组织调整生产并处理正在生产线上的中间产品。危机管理小组配备了强大的人力资源，主要部门负责主管由10位公司经理组成，10余名工作人员负责协调、跟进。2000年11月16日上午危机管理小组发布了危机公关纲领：执行政府暂停令，暂停康泰克和康必得的生产和销售；通知经销商和客户立即停止康泰克和康必得的销售，取消相关合同；停止广告宣传和市场推广活动。当日，危机公关纲领在悄然有序地执行着，但多数员工特别是一线员工并不清楚发生了什么。当日傍晚，中央电视台播发了政府禁药令，各大媒体也开始了广泛宣传，大多数公众知道了"禁止PPA的政府令"，"抵制PPA"的公众舆论开始形成并产生影响。2000年11月17日上午，越来越多的公司员工开始嘀咕："企业怎么办？我们怎么办？会不会因此而裁员？"员工心态产生浮躁。当日中午，中美史克公司召开全体员工大会，总经理向员工通报了事情的来龙去脉，并以《给全体员工的一封信》书面形式给每一位员工承诺不会裁员。企业推心置腹、坦诚相见和诚挚果断的决心打动了员工，很多人为之流泪，大会在全体员工高唱《团结就是力量》这首传统歌曲中结束。中美史克公司向员工传递了正确、及时的信息，通报了公司的举措和进展，以此赢得了员工空前一致的团结，在企业内部赢得积极反应。同日，全国各地50多位销售经理被迅速召回天津总部，危机管理小组深入其中做思想工作，为他们解开心结，以保障企业危机应对措施有效执行。2000年11月18日，他们带着中美史克《给医院的信》、《给客户的信》回归本部，应急行动纲领在全国各地按部就班地展开。

为了更好地服务客户和消费者，中美史克公司专门培训了数十名专职接线员，负责接听来自客户、消费者的问讯电话，并做出准确、专业的回答，使之打消疑虑。2000年11月21日，15条消费者热线全面开通。为了以正视听，避免不必要的麻烦，2000年11月20日，中美史克公司在北京召开了新闻媒介恳谈会，总经理回答了记者的提问，强调了不停止投资和无论怎样都要维护广大群众的健康是中美史克自始至终坚持的原则，将在国家药品监督部门得出关于PPA的研究论证结果后为广大消费者提供一个满意的解决办法的立场态度和决心。同时，面对新闻媒体的不公正宣传，中美史克并没有过多追究，只是尽力争取媒体的正面宣传以维系企业形象，其总经理频频接受国内知名媒体的专访，争取给中美史克说话的机会。对于暂停令后同行的大肆炒作和攻击行为，中美史克公司保持了应有的冷静，既未反驳也没有说一句对竞争对手不利的话，表现了一个成熟企业对待竞争对手的最起码的态度与风度。经过上下一致地努力，终于取得了不凡的效果，中美史克并没有因为康泰克和康必得的问题影响到其他产品的正常生产和销售。用《天津日报》记者的话说："面对危机，管理正常、生产正常、销售正常，一切都正常。"随着时间的推移，PPA风波的影响渐渐远去，中美史克也逐步走出阴影。

结语

中美史克在这场PPA风波中的表现应该说是上乘的，其公开的表态很有道理和说服力，易于赢得各方支持，也体现了一个国际化大公司所应当具有的水平。其实，危机公关并没有太多玄奥，关键在于企业是否真正把消费者当做上帝来看待，是否用心地为消费者服务，是否敢于或勇于承担责任。其实在很多情况下公众所要求的也正是这些，他们希望企业能够承担起自己的责任。企业只要始终把消费者和社会公众的地位置于应该具有的地位,就可以找到解除危机的办法。任何一个公司千万不要忽视社会团体和公众的力量,特别是对于那些处于行业领先地位的企业来说,与社会公众始终保持良好的沟通,以赢得他们的支持,应该把这当做企业的经营的大事来抓。

(资料来源:邱斌.中外市场营销经典案例[M].南京:南京大学出版社,2001)

案例思考:

(1) PPA 药物被禁背后的深层次原因是什么?

(2) PPA 被禁后感冒药的营销环境发生了哪些变化?

(3) 企业营销环境中的可控因素和不可控因素各有哪些?

(4) 中美史克在应对 PPA 被禁的"危机公关"中有哪些举措值得我国企业学习?

(5) 如果你是中美史克的总经理,在自己的产品被禁而竞争对手大举进犯的情况下,你下一步将采取何种措施?

模块 B　基础理论概要

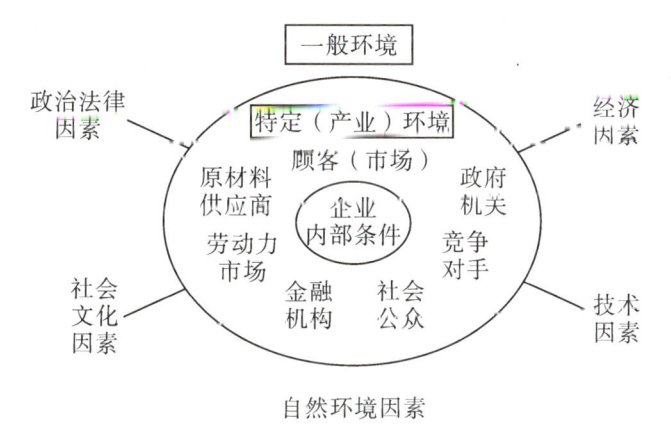

一、市场营销环境综合模型

市场营销环境是指影响企业与目标顾客建立并保持互利关系等营销管理能力的各种角色和力量,它可分为宏观市场营销环境、中观市场营销环境和微观市场营销环境。在市场营销环境综合模型中(见图2-1),一般环境指的是宏观环境因素,特定(产业)环境指的是中观环境因素,企业内部条件指的是微观环境因素。一般环境和特定环境是外部环境因素。市场营销外部环境是指存在于企业营销系统外部的不可控制或难以控制的因素和力量,这些因素和力量是影响企业营销活动及其目标实现的外部条件。

图 2-1　市场营销环境综合模型

二、市场营销宏观环境

市场营销宏观环境分析一般从政治法律因素、经济因素、社会文化因素、技术因素和自然环境因素等方面来进行。这种分析方法一般简称为 PESTN 分析方法（见表2-1）。

表 2-1　　　　　　　　市场营销宏观环境分析因素及内容

环境因素	内容
政治法律因素（P）	政局稳定状况，法律法规，政府政策，政治权力，政府管理方式，政府执政效率，工会
经济因素（E）	经济发展/成长阶段，经济体制，经济联盟和特殊经济区域，宏观经济发展状况（经济发展形势、国内生产总值、居民消费价格指数），产业集群，外贸情况，劳动力市场状况，居民收入，消费模式
文化因素（S）	价值观、思想、道德、态度、宗教信仰，社会行为、社会习俗、消费习俗和消费流行趋势，婚姻与家庭，工作生活方式，教育、审美观念，文化资源，文化差异，人口环境及统计特征（人口数量、密度、年龄结构、地区分布、民族构成、职业构成、宗教信仰构成、家庭规模、家庭生命周期、收入水平、教育程度等），各种利益相关群体，地位阶层
技术因素（T）	引起时代革命性变化的发明，新技术、新工艺、新材料的出现与发展，知识经济时代与技术革命，科技环境
自然环境因素（N）	自然资源，自然环境，环境保护，能源，自然灾害

三、市场营销中观环境

市场营销中观环境分析一般采用五力分析方法，又称波特竞争力模型，是哈佛商学院教授迈克尔·波特（Michael E. Porter）于1979年创立用于行业分析和商业战略研究的理论模型。五力模型确定了竞争的五种主要来源，即供应商讨价还价能力、购买者讨价还价能力、潜在进入者的威胁、替代品的威胁、来自目前在同一行业的公司间的竞争（见图 2-2）。

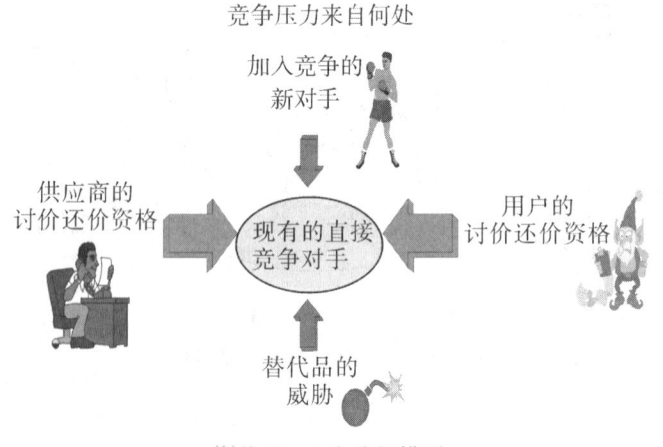

图 2-2　五力分析模型

一种可行战略的提出首先应该包括确认并评价这五种力量，不同力量的特性和重要性因行业和公司的不同而发生变化，行业中每一个企业或多或少都必须应对以上各种力量构成的威胁，且必须面对行业中每一个竞争者的举动。除非认为正面交锋必要且有益处，如要求得到很大的市场份额，否则客户可以通过设置进入壁垒，包括差异化和转换成本来保护自己。根据对五种竞争力量的分析，企业尽可能地采取将自身的经营与竞争力量隔绝开来，努力从自身利益需要出发影响行业竞争规则，先占领有利的市场地位再发起进攻性竞争行动等手段来对付这五种竞争力量，以增强自己的市场地位与竞争实力。

四、市场营销微观环境

市场营销微观环境是指企业的内部环境或条件，包括企业资源、企业战略、企业组织结构、企业生命周期、企业能力、企业文化等。市场营销微观环境分析一般采用价值链分析法。价值链分析法是由哈佛商学院教授迈克尔·波特提出来的，是一种寻求确定企业竞争优势的工具。企业有许多资源、能力和竞争优势，如果把企业作为一个整体来考虑，又无法识别这些竞争优势，这就必须把企业活动进行分解，通过考虑这些单个的活动本身及其相互之间的关系来确定企业的竞争优势。

价值链由价值活动构成。价值活动可分为两种活动：基本活动和辅助（支持）活动。基本活动指生产经营的实质性活动，这些活动与商品实体的加工流转直接相关，一般可分为原料供应、生产加工、成品储运、市场营销和售后服务五种活动。基本活动是企业的基本增值活动。辅助活动指用于支持主体活动而且内部之间又相互支持的活动，包括企业投入的采购管理、技术开发、人力资源管理和企业基础结构。企业的基本职能活动支持整个价值链的运行，而不与每项主体直接发生联系（见图2-3）。

价值链上的每一项价值活动都会对企业最终能够实现多大的价值造成影响。企业的任何一种价值活动都是经营差异性的一个潜在来源。企业通过进行与其他企业不同的价值活动或是构造与其他企业不同的价值链来取得差异优势。在企业的价值活动中增进独特性，同时要求能够控制各种独特性驱动因素，控制价值链上有战略意义的关键环节。

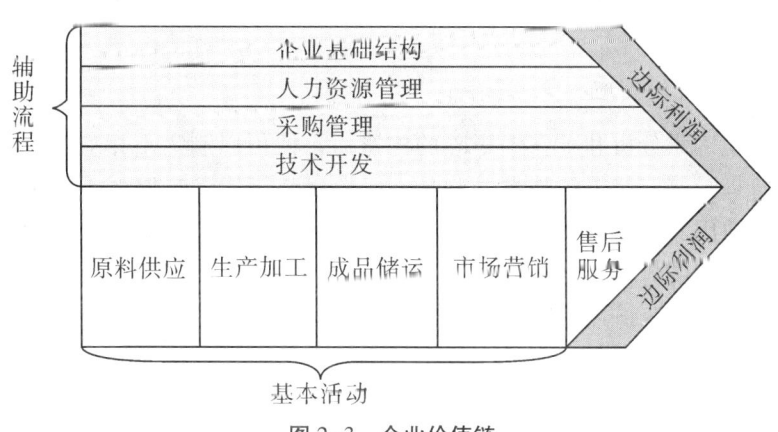

图2-3 企业价值链

五、市场营销环境综合分析

市场营销环境综合分析大多采用 SWOT 分析法。SWOT 分析模型于 20 世纪 80 年代初由美国旧金山大学管理学教授海因茨·韦里克（Heinz Weihrich）提出，经常被用于企业战略制定、竞争对手分析等场合。SWOT 分析法的优点在于考虑问题全面，是一种系统思维，而且可以把对问题的"诊断"和"开处方"紧密结合在一起，条理清楚，便于检验。

（一）分析环境因素

运用各种调查研究方法分析出公司内外的各种环境因素。外部环境因素包括机会因素和威胁因素，是外部环境对公司发展有直接影响的有利和不利因素，属客观因素；内部环境因素包括优势和弱点因素，是公司在发展中自身存在的积极和消极因素，属主动因素，在调查分析这些因素时，不仅要考虑到历史与现状，而且更要考虑未来发展问题。

优势（Strength）是企业内部自身所具备的能力条件和所处的良好竞争态势，具体包括：有利的竞争态势；充足的资金来源；良好的企业形象；技术力量；规模经济；产品质量；市场份额；成本优势；广告攻势等。

劣势（Weakness）是企业自身能力条件的欠缺和所处的不利竞争态势，具体包括：设备老化；管理混乱；缺少关键技术；研究开发落后；资金短缺；经营不善；产品积压；竞争力差等。

机会（Opportunity）是组织外部对企业行为富有吸引力的领域因素，具体包括：新产品；新市场；新需求；外国市场壁垒解除；竞争对手失误等。

威胁（Threat）是组织外部环境中不利发展趋势所形成的挑战，具体包括：新的竞争对手；替代产品增多；市场紧缩；行业政策变化；经济衰退；客户偏好改变；突发事件等。

（二）构造 SWOT 矩阵

将调查得出的各种因素根据轻重缓急或影响程度等排序方式，构造 SWOT 矩阵（见图 2-4）。在此过程中，将那些对公司发展有直接的、重要的、大量的、迫切的、久远的影响因素优先排列出来，而将那些间接的、次要的、少许的、不急的、短暂的影响因素排列在后面。

（三）营销环境对策及管理

在完成环境因素分析和 SWOT 矩阵的构造后，便可以制定出相应的行动对策和进行营销环境管理。制定对策的基本思路是：发挥优势因素，克服弱点因素，利用机会因素，化解威胁因素；考虑过去，立足当前，着眼未来。运用系统分析的综合分析方法，将排列与考虑的各种环境因素相互匹配起来加以组合，得出一系列公司未来发展的可选择对策。经过分析后可以采取的对策战略类型组合如下：

1. SO 战略

SO 战略是指发展企业内部优势与利用外部机会的战略，这是一种理想的战略模式。企业具有特定方面的优势，外部环境又为发挥该优势提供有利机会时，可采取该

SWOT Analysis

STRENGTHS
- S1...
- S2...
- S3...
- S4...
- Sn...

WEAKNESSES
- W1...
- W2...
- W3...
- W4...
- Wn...

Internal factors

OPPORTUNITIES
- O1...
- O2...
- O3...
- O4...
- On...

THREATS
- T1...
- T2...
- T3...
- T4...
- Tn...

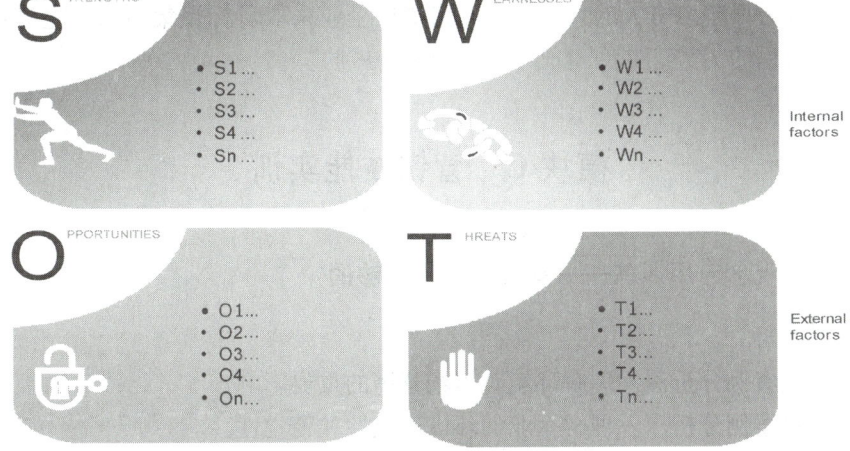

External factors

图 2-4　SWOT 分析方法

战略。例如，良好的产品市场前景、供应商规模扩大和竞争对手有财务危机等外部条件，配以企业市场份额提高等内在优势可成为企业收购竞争对手、扩大生产规模的有利条件。

2. WO 战略

WO 战略利用外部机会来弥补内部弱点，使企业改劣势而获取优势的战略。如果企业存在外部机会，但由于存在内部弱点而妨碍其利用机会，可先克服这些弱点。例如，若企业弱点是原材料供应不足和生产能力不够，会导致开工不足、生产能力闲置、单位成本上升，而加班加点会导致一些附加费用。在产品市场前景看好的前提下，企业可利用供应商扩大规模、新技术设备降价、竞争对手财务危机等机会，实现纵向整合战略，以保证原材料供应，同时可考虑购置生产线来克服生产能力不足及设备老化等劣势。通过克服这些弱点，企业可能进一步利用各种外部机会，降低成本，取得成本优势，最终赢得竞争优势。

3. ST 战略

ST 战略是指利用自身优势，回避或减轻外部威胁所造成的影响战略。例如，竞争对手利用新技术大幅度降低成本，给企业很大的成本压力；同时材料供应紧张，其价格可能上涨；消费者要求大幅度提高产品质量；企业还要支付高额环保成本等，都会导致企业成本状况进一步恶化，使之在竞争中处于非常不利的地位。但是，若企业拥有充足的现金、熟练的技术工人和较强的产品开发能力，便可利用这些优势开发新工艺，简化生产工艺过程，提高原材料利用率，从而降低材料消耗和生产成本。另外，新技术、新材料和新工艺的开发与应用是最具潜力的成本降低措施，同时也可提高产品质量，从而回避外部威胁影响。

4. WT 战略

WT 战略是指旨在减少内部弱点，回避外部环境威胁的防御性技术的战略。企业存在内忧外患时，往往面临生存危机，降低成本也许成为改变劣势的主要措施。当企业成本状况恶化，原材料供应不足，生产能力不够，无法实现规模效益，且设备老化，使企业在成本方面难以有大的作为，这时将迫使企业采取目标聚集战略或差异化战略，以规避成本方面的劣势，并回避成本原因带来的威胁。

模块 C　营销技能实训

实训项目 1：观念应用训练——紧盯客户是不够的

1. 实训目标
（1）通过案例分析深入理解环境对市场营销的重要影响；
（2）通过案例分析深入理解企业的环境适应性和警觉性。
2. 实训情景设置
（1）按模拟企业分组进行；
（2）发现现实市场中的相似情景。
3. 实训内容

美国科学家把一些小朋友叫到屋子里。"小朋友，这里有一块蛋糕，叔叔和阿姨一会儿要出去，一段时间后要回来分蛋糕，谁乖就给谁吃。"说完，科学家们就出去把门关上了。同时，房间里闭路电视开了，但小朋友们并不知道。

科学家们在另一个房间里仔细观察每一个小朋友的行为，发现每一位小朋友的举动都不一样，并在 20 年后进行了追踪。

有小朋友马上走过去一直盯着蛋糕，长大以后成了优秀的业务员，因他紧盯客户；
有小朋友看没什么人，偷一块奶油就到旁边吃了，长大以后一半都坐了牢；
有小朋友跑到窗口那边，东看西看，长大之后常常换工作；
有小朋友跑到窗台上对着外面唱歌，长大后对什么事都无所谓；
还有小朋友躺在地上睡着了。总之什么样的小朋友都有。

当小朋友们所在房间静悄悄的时候，科学家们故意对着麦克风"嘣嘣"地敲。有小朋友正盯着蛋糕看，听到"嘣嘣"声后他马上四处张望，然后又盯着蛋糕，长大以后成了总经理，这种类型的人就是随时随地对环境产生危机感。有小朋友也是一直盯着蛋糕，但"嘣嘣"声响了好几次，他也不四处张望，长大后最多干到主任。

问题：
通过阅读和分析这个故事，从环境影响视角你得到什么启示？
4. 实训过程与步骤
（1）每个企业受领实训任务；
（2）讲解案例分析方法与要领；
（3）必要的理论引导和疑难解答；
（4）实时的现场控制；

（5）任务完成时的实训绩效评价。
5. 实训绩效

```
_____实训报告
第_____次市场营销实训
```
实训项目：_____
实训名称：_____
实训导师姓名：_____；职称（位）：_____；单位：校内□ 校外□
实训学生姓名：_____；专业：_____；班级：_____
实训学期：_____；实训时间：_____；实训地点：_____
实训测评：

评价项目	教师评价	得分	学生自评	得分
任务理解（20分）				
情景设置（20分）				
操作步骤（20分）				
任务完成（20分）				
训练总结（20分）				

教师评价得分：_____ 学生自评得分：_____ 综合评价得分：_____
实训总结：
获得的经验：_____

存在的问题：_____

提出的建议：_____

实训项目2：方案策划训练——周边商业的环境SWOT分析

1. 实训目标

（1）通过方案策划深入理解营销环境因素；

（2）通过方案策划深入理解和应用SWOT分析方法。

2. 实训情景设置

（1）按模拟企业分组进行；

（2）每个企业模拟不同商家的实际情况进行分析。

3. 实训内容

每个企业根据自己的偏好选择一种商业形态进行创业准备，地点选择在学校周边商业街区，从宏观、中观、微观层面进行与该商业形态相关的各种环境因素的全面收集，然后针对该商业形态的创业活动、经营活动和未来的长远发展进行环境因素SWOT分析，为本企业的创业方向选择、战略制定提供相应的指导，最后形成一定的创业环境应对策略。

4. 实训过程与步骤

(1) 每个企业受领实训任务；
(2) 营销环境因素收集；
(3) 环境分析SWOT方法的构造与分析；
(4) 必要的理论引导和疑难解答；
(5) 实时的现场控制；
(6) 任务完成时的实训绩效评价。

5. 实训绩效

_____实训报告
第_____次市场营销实训

实训项目：_____
实训名称：_____
实训导师姓名：_____；职称（位）：_____；单位：校内□校外□
实训学生姓名：_____；专业：_____；班级：_____
实训学期：_____；实训时间：_____；实训地点：_____
实训测评：

评价项目	教师评价	得分	学生自评	得分
任务理解（20分）				
情景设置（20分）				
操作步骤（20分）				
任务完成（20分）				
训练总结（20分）				

教师评价得分：_____ 学生自评得分：_____ 综合评价得分：_____
实训总结：
获得的经验：_____

存在的问题：_____

提出的建议：_____

实训项目3：情景模拟训练——环境分析与应对

1. 实训目标

(1) 通过情景模拟深入理解营销环境因素及其影响；
(2) 通过情景模拟提高针对营销环境因素的处理能力；
(3) 通过情景模拟提高环境分析能力和发散性思维能力。

2. 实训情景设置

(1) 按模拟企业分组进行；

（2）每个企业模拟不同的市场营销环境因素。

3. 实训内容

选定某项环境变化因素（政治法律、经济、文化、技术、自然环境方面的都可以）。每个企业派出4人，1人记录本公司的发言，3人分别发言，快速地说出这一因素变化会给社会带来的3项较大权重的机会（威胁）。老师选定某项机会（威胁），3位发言人按上轮顺序快速说出对策。将所有发言人分成两组，另一组为坚持这一环境变化因素可能给企业带来机会的观点，一组为坚持这一环境变化因素可能给企业带来威胁的观点，两组通过辩论决定胜负。根据课程时间安排和情景模拟进行时间重新选人进行第二轮模拟训练。

4. 实训过程与步骤

（1）每个企业派出4人，3人分别发言，1人记录本公司的发言；
（2）实训老师汇总言论；
（3）实训老师选定某项机会（威胁），3位发言人快速说出对策；
（4）实训老师对发言人进行分组，展开辩论；
（5）实时的现场控制；
（6）任务完成时的实训绩效评价。

5. 实训绩效

_____实训报告
第_____次市场营销实训

实训项目：_____
实训名称：_____
实训导师姓名：_____；职称（位）：_____；单位：校内□ 校外□
实训学生姓名：_____；专业：_____；班级：_____
实训学期：_____；实训时间：_____；实训地点：_____
实训测评：

评价项目	教师评价	得分	学生自评	得分
任务理解（20分）				
情景设置（20分）				
操作步骤（20分）				
任务完成（20分）				
训练总结（20分）				

教师评价得分：_____ 学生自评得分：_____ 综合评价得分：_____
实训总结：
　获得的经验：_____
　_____
　存在的问题：_____
　_____
　提出的建议：_____
　_____

第三章　消费者购买行为实训

实训目标：

(1) 深入理解消费者购买行为及其影响因素。
(2) 深入理解消费者购买决策过程。
(3) 深入理解和应用消费者购买行为分析框架和方法。

模块 A　引入案例

淘宝网 2011 年度趣味数据

2012 年 2 月 27 日，淘宝网数据盛典（shengdian.taobao.com）公布 2011 年一系列消费数据。通过对网购人群的消费习惯进行分析，预测 2012 年的流行趋势，以地图的形式展现中国不同地区的消费偏好和特色。

淘友的 2011 年

2011 年淘宝网单日成交额最高达 43.8 亿元，发生在 12 月 12 日，超过北京、上海单日零售业销售额之和，是 2010 年同期 3 倍。其中，仅当天凌晨第一小时就成交了 278 万笔，交易额突破 4.75 亿元，消费速度是世界消费圣地迪拜同期的 5 倍。截至 2011 年底，淘宝网单日独立访客量最高超过 1.2 亿人，比 2010 年同期增长 120%，相当于我国网民总数的 1/4。

2011 年是淘宝网服务在消费者生活方方面面的一年。在这一年，淘宝网的服饰流行在每个城市的大街小巷，平均每 10 个网民购买了 24 件衣服；家居、家电产品售出 3.1 亿件，相当于每 10 个网民的家中有 6 件物品来自于淘宝网；数码产品售出了 2.1 亿件，饰品售出 1.3 亿个，玩具卖出 8364 万套。

2011 年也是电子商务在移动互联网上发力的一年，让消费者在移动中体会网购乐趣。数据显示，2011 年手机淘宝全年成交额达 108 亿元，是上年的 6 倍，日交易值达到 2 亿元。

2011 年亦是大件商品进一步接轨互联网的一年，数十万的单笔成交已稀松平常，手机淘宝上也出现了单笔 22.5 万元的交易。2011 年 12 月，淘宝房产更是创造了单日成交 957 套价值 12 亿元的神话。

2011 年还是淘宝网打造出一站式出行服务平台，让用户轻松出行的一年，从机票、酒店预订到门票、导游、租车等度假旅游产品三驾马车"一条龙"服务。全年淘宝旅行交易额达 109 亿元，并在 12 月 21 日创下同类网站单日在线交易量的最高纪录，单日交易量一举超过 8 万张，相当于每秒钟就售出 1 张机票。

网购发展和网民旺盛需求催促着淘宝卖家和物流业的快速成长。仅2011年12月12日，淘宝网有421家店铺单日成交超过100万元，1644家单店成交超过10万元，其中交易额前十强有9家属淘宝网原创网货品牌。在2011年，淘宝网和天猫商城每天包裹量超过800万件，占整个快递业总包裹量近六成。如将这些包裹堆起来，每月可以盖一座金字塔。

2011年淘友想要什么？

据淘宝网数据公布2011年搜索热词，各地区消费者所需迥异（见图3-1）。重庆人无论是性格还是身材素以火辣闻名，而淘宝网数据也与这一认知相符。2011年重庆人最关心的是非常挑身材的皮衣、皮裤，在风格方面，呈现出冰火两重天，休闲风和豹纹控平分秋色。

图3-1 淘宝网2011年度趣味地图

北方和西部地区则更多地呈现出其特有的地域文化。从淘宝网数据看，北京地区传承了其深厚的文化底蕴，用户搜索量最大的是十字绣，体现出北京人细腻的一面。同时，北京人也爱文艺、爱摄影，单反相机搜索量居前。甘肃成为淘宝上的"西部牛仔"，无论男女对牛仔系列的热衷度都是极高的。除此之外，甘肃的"陶器三彩"文化也从数据中可见一斑。2011年，甘肃人除了牛仔搜索量最高之外，"陶器三彩"也是其关注的焦点。

南方网购大省广东充分体现了其包容和多元的一面，无论是"休闲""复古"还是"日韩风"，都是广东女性的至爱。而广东男性则钟情休闲系、运动系。此外，"假发"也是广东消费者搜索较多的关键词。华南地区的广西人是不折不扣的"手机控"，不管是苹果还是三星、诺基亚，都是他们的最爱。贵州用户则以婚恋为主，婚纱、喜糖等关键词都排在搜索的前列。

中部地区则以服装为主，湖北、湖南、江西热搜的关键词都是各类服饰。区别在于，湖北地区钟爱时尚品牌，尤其是"H&M"；湖南地区不论男女，最喜欢的是"恒源祥"羊绒衫；江西地区则是最想晒幸福的地区，"情侣装"搜索量极高。

东部地区一向以江、浙、沪等网购大省示人，无论从人口还是金额来说，基本包揽前三。从搜索量来看，上海人最爱名牌，对蔻驰（Coach）、博柏利（Burberry）、古驰（Gucci）等都钟爱；江苏男女差异较大，男人都迷乔布斯，最爱搜索苹果产品；女人则对包包情有独钟，超越了服饰。俗语道"穷玩车、富玩表"，一向被视为富裕的浙江人，"手表"的搜索量也极高。此外，"拖鞋""MP4"等，也是其钟爱的产品，体现出浙江人热爱生活的一面。

淘宝眼中的淘友

2011年，时尚界风云多变。秋裤席卷重来，再也不畏缩在厚重的裤子之下，而是变身外穿"Legging"登入各时尚达人衣橱；丝瓜也不再只是食物，提取成水跻身大热护肤品行列。在2011年，淘宝网上各地消费又呈现出什么特征呢？

第一，浙江居榜首次数最多，宁波、舟山最抢眼。

作为中国网购的发源地，浙江几乎在各种商品销售上都位列前茅。从淘宝盛典公布的榜单来看，浙江省成为排名榜首最多的省份。无论是最疼爱老婆的男人，还是最贤惠的媳妇，抑或是最潮的母亲等榜单上，浙江的用户都占据着第一的位置。其中，宁波等地表现较为突出。

在最疼爱老婆的男人地区榜单中，宁波以78.3%的高比例荣登榜首。这一榜单公布，也让众未婚女性大呼"嫁人要嫁宁波男"。除此之外，宁波也成为最容易"撞衫"和最"居安思危"的城市。数据显示，在2011年淘宝热卖的女装产品中，宁波女性购买最为集中，"撞衫"指数达2.31%，即1000个人里面有23个人穿着相同。而最"居安思危"则是以2011年网购急救用品为考量，宁波地区有0.58%的用户购买过急救用品，成为急救用品覆盖最多的城市，人均购买4.69件。不过，在最"居安思危"榜单中，金华虽然在人数上不如宁波地区，但在"装备"上，却成为全国第一，人均消费急救用品达326.78元。

在最贤惠女性地区排名中，浙江省又再一次凸显老大地位。只不过，第一的位置由宁波换成了舟山。2011年，舟山女性用户为男性购买用品人数比例高达23.98%，人均消费901.72元。此外，舟山也成为"最疼老公的老婆""最爱健身的男性""最爱买吉他"的城市等（见图3-2）。

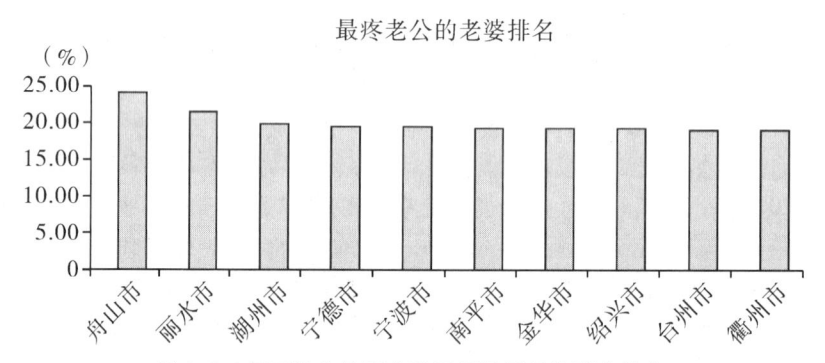

图3-2 每百位女性用户购买男性用品的城市排名

第二，港台都是摄影控，上海老人最"潮"。

虽说"摄影穷三代，单反毁一生"，不过摄影带给人们的快乐仍让摄影爱好者乐此不疲。从淘宝网数据看，被单反"毁"得最多地区无疑是我国港台地区。数据显示，2011年台湾地区购买单反相机人均花费达6310.47元，比第二名香港地区多了近4000元。不过从购买人数上来说，香港购买数码相机的用户比例达3.63%，位居第一，台湾以3.17%列第二位。

有趣的是,单反相机的网购主力再也不是身强力壮的青年了,而是50岁以上的中老年人。淘宝网数据显示,50岁以上用户购买单反镜头、配件等商品的人均消费金额达到4604.52元,几乎是其他年龄段的2倍。

数据统计显示,50岁以上网购者最多的地区是上海市,每10万淘宝用户中有89人是50岁以上老年人。其次是浙江,每10万人中有56人是50岁以上老年人,江苏的这一比例为51人,排第三位。这也说明,老年人是否"潮"与当地网购发展的情况有关(见图3-3)。

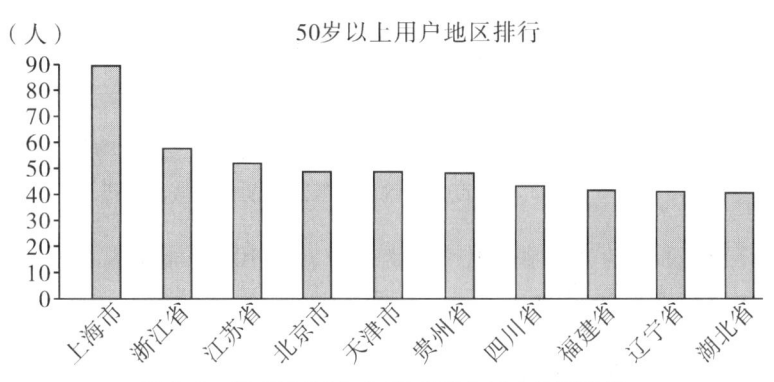

图3-3 每10万用户中50岁以上用户地区排行

第三,北京人最喜欢郭德纲,最爱用安卓。

"北有郭德纲,南有周立波",这二人是如今相声界南北两大翘楚。不过,既分南北,则体现出两人在不同地域所受欢迎度差别很大。根据淘宝网数据显示,2011年最爱郭德纲的城市是北京,共有3478人购买过郭德纲相关产品;而对于周立波,北京人似乎并不十分热衷,仅0.014%用户购买过相关产品。相比之下,上海人对于这两人的接纳度相对平衡一些。

此外,数据还显示,北京还最喜欢安卓手机。在目前主流的苹果IOS系统和安卓系统两大手机系统中,北京、上海、广州、深圳等国内一线城市的用户购买数量最多。其中,北京用户最爱的是安卓系统的手机,上海用户则最喜欢苹果的IOS系统(见图3-4)。

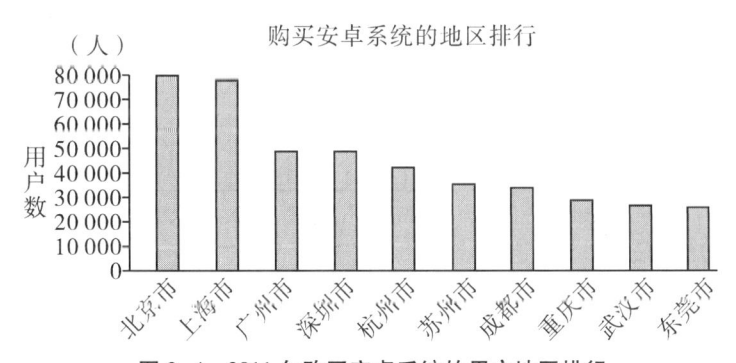

图3-4 2011年购买安卓系统的用户地区排行

第四,江苏人最文艺,全年买书花了2.6亿元。

文艺青年最爱啥?音乐、书本和绘画。从淘宝网数据盛典公布的榜单来看,文艺青年最多的地方是江苏省。在全国前十个城市排名中，江苏占了6个席位，比浙江多2个。其中，江苏人买书最多，2011年买书花了2.6亿元（见图3-5）。

购买书籍最多的城市排行

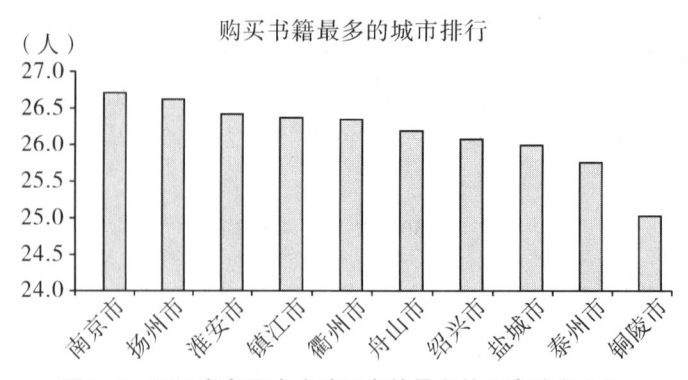

图3-5　2011年每百人中购买书籍最多的用户城市排行

南京则不折不扣成为江苏省内最文艺的地方，每100个南京人中就由26.7人购买过书籍，全年书籍消费5428万元。不过，按性别分类最爱买书的男性在铜陵，女性在衢州。

除书本之外，吉他也是文艺青年的最爱。数据显示，最爱买吉他的城市在浙江舟山，不过最爱买吉他的男性集中在丽江，女性集中在香港。文艺青年以"80后"居多，26~34岁年龄段占63%。其中，女性购买乐器、书籍等人数比男性多60余万人，说明女性比男性更文艺。

第五，山西人最孝顺，安徽人最爱宠物。

历史上，山西是一个重视孝道的省份，而在今天，山西人依旧传承这样的美德。据淘宝网发布的数据显示，2011年，30岁以下年轻人中，在淘宝网购买老年人用品人数最多的就是山西，每100个山西人里就有7.04个人购买了老年人用品。此外，山西人也是最爱在淘宝上买钻石的人群，消费金额占总珠宝购买金额的29.4%（见图3-6）。

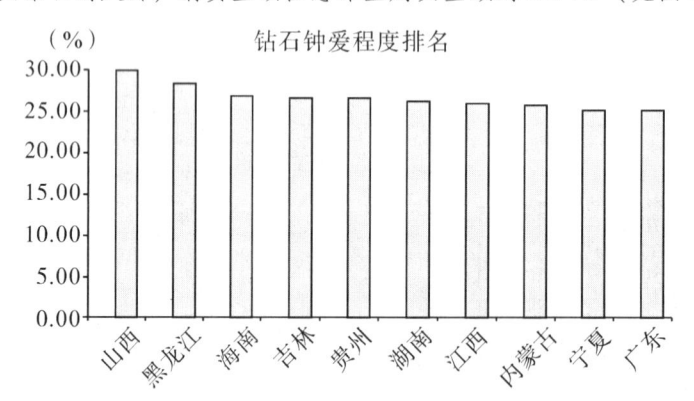

钻石钟爱程度排名

图3-6　购买钻石金额最多的地区排行榜

爱老人之余，也要善待宠物。淘宝网数据显示，2011年，购买狗狗用品最多的省份是安徽省，每1万名安徽人中有16人购买过狗粮。此外，在城市排名中，安徽也占据了前十名中的半壁江山。而在猫咪用品的购买中，安徽省仅以微弱之差位居第二。在生活中，也不乏出现许多安徽"爱宠一族"为了让自己的宠物更时髦，常送去淋浴、

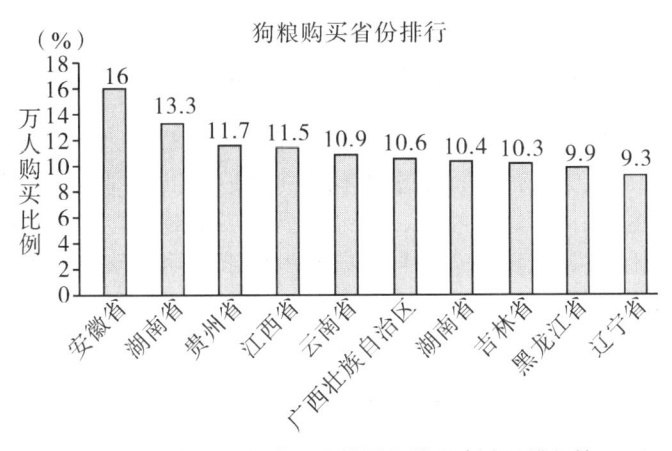

洗桑拿等，他们对宠物的喜爱可见一斑（见图3-7）。

狗粮购买省份排行

安徽省 16
湖南省 13.3
贵州省 11.7
江西省 11.5
云南省 10.9
广西壮族自治区 10.6
湖南省 10.4
吉林省 10.3
黑龙江省 9.9
辽宁省 9.3

图3-7 每万人中购买狗粮最多的用户地区排行榜

（资料来源：淘宝网数据盛典 http://shengdian.taobao.com）

案例思考：

（1）网络购物消费行为有什么特征？
（2）网络购物消费行为与传统的消费行为有什么差异？

模块B 基础理论概要

一、消费者购买行为分析基本框架

消费者购买行为是指人们为满足需要和欲望而寻找、选择、购买、使用、评价及处置产品、服务时介入的过程活动，包括消费者的主观心理活动和客观物质活动两个方面（菲利普·科特勒，2000）。消费者购买行为是指消费者为满足其个人或家庭生活而发生的购买商品的决策过程。消费者购买行为是复杂的，其购买行为的产生是受到其内在因素和外在因素的相互促进交互影响的。企业营销通过对消费者购买的研究，来掌握其购买行为的规律，从而制定有效的市场营销策略，实现企业营销目标。

市场营销学家把消费者的购买动机和购买行为概括为"6W"和"6O"，从而形成消费者购买行为研究的基本框架。

（一）市场需要什么（What）——有关产品（Objects）是什么

通过分析消费者希望购买什么，为什么需要这种商品而不是需要那种商品，研究企业应如何提供适销对路的产品去满足消费者的需求。

（二）为何购买（Why）——购买目的（Objectives）是什么

通过分析购买动机的形成（生理的、自然的、经济的、社会的、心理的因素的共同作用），了解消费者的购买目的，采取相应的市场策略。

（三）购买者是谁（Who）——购买组织（Organizations）是什么

分析购买者是个人、家庭还是集团，购买的产品供谁使用，谁是购买的决策者、执行者、影响者。根据分析，组合相应的产品、渠道、定价和促销。

（四）如何购买（How）——购买组织的作业行为（Operations）是什么

分析购买者对购买方式的不同要求，有针对性地提供不同的营销服务。在消费者市场，分析不同的类型消费者的特点，如经济型购买者对性能和廉价的追求，冲动性购买者对情趣和外观的喜好，手头拮据的购买者要求分期付款，工作繁忙的购买者重视购买方便和送货上门等。

（五）何时购买（When）——购买时机（Occasions）是什么

分析购买者对特定产品的购买时间的要求，把握时机，适时推出产品，如分析自然季节和传统节假日对市场购买的影响程度等。

（六）何处购买（Where）——购买场合（Outlets）是什么

分析购买者对不同产品的购买地点的要求，如消费品种的方便品，顾客一般要求就近购买，而选购品则要求在商业区（地区中心或商业中心）购买，一边挑选对比，特殊品往往会要求直接到企业或专业商店购买等。

消费者购买行为分析基本框架如图 3-8 所示：

图 3-8 消费者购买行为分析基本框架

二、消费者购买行为类型

（一）根据消费者购买行为的复杂程度和所购产品的差异程度划分

1. 复杂的购买行为

如果消费者属于高度参与，并且了解现有各品牌、品种和规格之间具有的显著差异，则会产生复杂的购买行为。复杂的购买行为指消费者购买决策过程完整，要经历大量的信息收集、全面的产品评估、慎重的购买决策和认真的购后评价等各个阶段。

对于复杂的购买行为，营销者应制定策略帮助购买者掌握产品知识，运用各种途径宣传本品牌的优点，最终影响消费者的购买决定，简化购买决策过程。

2. 减少失调感的购买行为

减少失调感的购买行为是指消费者并不广泛收集产品信息，并不精心挑选品牌，购买决策过程迅速而简单，但是在购买以后会认为自己所买产品具有某些缺陷或其他同类产品有更多的优点，进而产生失调感，怀疑原先购买决策的正确性。

对于这类购买行为，营销者要提供完善的售后服务，通过各种途径经常提供有利于本企业的产品的信息，使顾客相信自己的购买决定是正确的。

3. 寻求多样化的购买行为

寻求多样化的购买行为是指消费者购买产品有很大的随意性，并不深入收集信息和评估比较就决定购买某一品牌，在消费时才加以评估，但是在下次购买时又转换其他品牌。转换原因是厌倦原口味或想试新口味，寻求产品多样性而不一定有不满意之处。

对于寻求多样性的购买行为，市场领导者和挑战者的营销策略是不同的。市场领导者力图通过占有货架、避免脱销和提醒购买的广告来鼓励消费者形成习惯性购买行为。而挑战者则以较低的价格、折扣、赠券、免费赠送样品和强调试用新品牌的广告来鼓励消费者改变原习惯性购买行为。

4. 习惯性的购买行为

习惯性的购买行为是指消费者并未深入收集信息和评估品牌，只是习惯于购买自己熟悉的品牌，在购买后可能评价也可能不评价产品。

对于习惯性购买行为的主要营销策略：一是利用价格与销售促进吸引消费者试用；二是开展大量重复性广告，加深消费者印象；三是增加购买参与程度和品牌差异。

(二) 根据消费者购买目标选定程度划分

1. 全确定型

全确定型是指消费者在购买商品以前，已经有明确的购买目标，对商品的名称、型号、规格、颜色、式样、商标以至价格的幅度都有明确的要求。这类消费者进入商店以后，一般都是有目的地选择，主动地提出所要购买的商品，并对所要购买的商品提出具体要求，当商品能满足其需要时，则会毫不犹豫地买下商品。

2. 半确定型

半确定型是指消费者在购买商品以前，已有大致的购买目标，但具体要求还不够明确，最后的购买需经过选择比较才完成。例如，购买空调是原先计划好的，但购买什么牌子、规格、型号、式样等心中无数。这类消费者进入商店以后，一般要经过较长时间的分析、比较才能完成其购买行为。

3. 不确定型

不确定型是指消费者在购买商品以前，没有明确的或既定的购买目标。这类消费者进入商店主要是参观游览、休闲，漫无目标地观看商品或随便了解一些商品的销售情况，有时感到有兴趣或合适的商品偶尔购买，有时则观后离开。

(三) 根据消费者购买态度与要求划分

1. 习惯型

习惯型是指消费者由于对某种商品或某家商店的信赖、偏爱而产生的经常、反复地购买。由于经常购买和使用，他们对这些商品十分熟悉，体验较深，再次购买时往往不再花费时间进行比较选择，注意力稳定、集中。

2. 理智型

理智型是指消费者在每次购买前对所购的商品，要进行较为仔细的研究比较。购买时的感情色彩不浓，头脑冷静，行为慎重，主观性较强，不轻易相信广告、宣传、承诺、促销方式以及售货员的介绍，主要看重商品质量、款式。

3. 经济型

经济型是指消费者购买时特别重视价格，对于价格的反应特别灵敏。购买无论是选择高档商品，还是中低档商品，首选的是价格，他们对"大甩卖"、"清仓"、"血本销售"等低价促销最感兴趣。一般来说，这类消费者与自身的经济状况有关。

4. 冲动型

冲动型是指消费者容易受商品的外观、包装、商标或其他促销努力的刺激而产生的购买行为。购买一般都是以直观感觉为主，从个人的兴趣或情绪出发，喜欢新奇、新颖、时尚的产品，购买时不愿进行反复地选择比较。

5. 疑虑型

疑虑型是指消费者具有内倾性的心理特征，购买时小心谨慎和疑虑重重。购买一般缓慢、费时多。常常是"三思而后行"，常常会犹豫不决而中断购买，购买后还会疑心是否上当受骗。

6. 情感型

情感型消费者的购买多属情感反应，往往以丰富的联想力衡量商品的价值，购买时注意力容易转移，兴趣容易变换，对商品的外表、造型、颜色和命名都较重视，以是否符合自己的想象作为购买的主要依据。

7. 不定型

不定型消费者的购买多属尝试性，其购买心理尚不稳定，购买时没有固定的偏爱，在上述六种类型之间游移，这种类型的购买者多数是独立生活不久的青年人。

（四）根据消费者购买频率划分

1. 经常性购买行为

经常性购买行为是购买行为中最为简单的一类，指购买人们日常生活所需、消耗快、购买频繁、价格低廉的商品，如油盐酱醋茶、洗衣粉、牙膏、肥皂等。购买者一般对商品比较熟悉，加上价格低廉，人们往往不必花很多时间和精力去收集资料和进行商品的选择。

2. 选择性购买行为

这一类消费品单价比日用消费品高，多在几十元至几百元之间；购买后使用时间较长，消费者购买频率不高，不同的品种、规格、款式、品牌之间差异较大，消费者购买时往往愿意花较多的时间进行比较选择，如服装、鞋帽、小家电产品、手表、自行车等。

3. 考察性购买行为

消费者购买价格昂贵、使用期长的高档商品多属于这种类型，如购买轿车、商品房、成套高档家具、钢琴、电脑、高档家用电器等。消费者购买该类商品时十分慎重，会花很多时间去调查、比较、选择。消费者往往很看重商品的商标品牌，大多是认牌购买；已购消费者对商品的评价对未购消费者的购买决策影响较大；消费者一般在大商场或专卖店购买这类商品。

三、消费者购买行为影响因素

(一) 内在因素

影响消费者购买行为的内在因素很多,主要有消费者的个体因素与心理因素。消费者心理是消费者在满足需要活动中的思想意识,它支配着消费者的购买行为。影响消费者购买的心理因素有动机、感受、态度、学习。

1. 动机

需要引起动机。需要是人们对于某种事物的要求或欲望。就消费者而言,需要表现为获取各种物质需要和精神需要。马斯洛的"需要五层次"理论,即生理需要、安全需要、社会需要、尊重需要和自我实现的需要。需要产生动机,消费者购买动机是消费者内在需要与外界刺激相结合使主体产生一种动力而形成的。动机是为了使个人需要满足的一种驱动和冲动。消费者购买动机是指消费者为了满足某种需要,产生购买商品的欲望和意念。购买动机可分为以下两类:

(1) 生理性购买动机。生理性购买动机指由人们因生理需要而产生的购买动机,如饥思食、渴思饮、寒思衣,又称本能动机。生理动机包括维持生命的动机、保护生命的动机、延续和发展生命的动机。生理动机具有经常性、习惯性和稳定性的特点。

(2) 心理性购买动机。心理性购买动机是指人们出于心理需要而产生的购买动机。根据对人们心理活动的认识,以及对情感、意志等心理活动过程的研究,可将心理动机归纳为以下三类:

①感情动机。感情动机指由于个人的情绪和情感心理方面的因素而引起的购买动机。根据感情不同的侧重点,可以将其分为三种消费心理倾向,即求新、求美、求荣。

②理智动机。理智动机指建立在对商品客观认识基础上,经过充分分析比较后产生的购买动机。理智动机具有客观性、周密性的特点。在购买中表现为求实、求廉、求安全的心理。

③惠顾动机。惠顾动机指对特定的商品或特定的商店产生特殊的信任和偏好而形成的习惯重复光顾的购买动机。这种动机具有经常性和习惯性特点,表现为嗜好心理。

人们的购买动机不同,购买行为必然是多样的、多变的。要求企业深入细致地分析消费者的各种需求和动机,针对不同的需求层次和购买动机设计不同的产品和服务,制定有效的营销策略,获得营销成功。

2. 感受

消费者如何行动,还要看其对外界刺激物或情境的反映,这就是感受对消费者购买行为的影响。感受指的是人们的感觉和知觉。

所谓感觉,就是人们通过感官对外界的刺激物或情境的反应或印象。随着感觉的深入,各种感觉到的信息在头脑中被联系起来进行初步的分析综合,形成对刺激物或情境的整体反映,就是知觉。知觉对消费者的购买决策、购买行为影响较大。在刺激物或情境相同的情况下,消费者有不同的知觉,他们的购买决策、购买行为就截然不同。因为消费者知觉是一个有选择性的心理过程,即有选择的注意、有选择的曲解、有选择的记忆。

分析感受对消费者购买影响目的是要求企业掌握这一规律,充分利用企业营销策略,引起消费者的注意,加深消费者的记忆,使消费者正确理解广告,影响消费者购买。

3. 态度

态度通常指个人对事物所持有的喜欢与否的评价、情感上的感受和行动倾向。态度对消费者购买行为有着很大的影响。企业营销人员应注重消费者态度的研究。

消费者态度来源于与商品的直接接触；受他人直接、间接的影响；家庭教育与本人经历。消费者态度包含信念、情感和意向，它们对购买行为都有各自的影响作用。

（1）信念。信念指人们认为确定和真实的事物。在实际生活中，消费者不是根据知识，而常常是根据见解和信任作为他们购买的依据。

（2）情感。情感指商品和服务在消费者情绪上的反映，如对商品或广告喜欢还是厌恶。情感往往受消费者本人的心理特征与社会规范影响。

（3）意向。意向指消费者采取某种方式行动的倾向，是倾向于采取购买行动，还是倾向于拒绝购买。消费者态度最终落实在购买的意向上。

研究消费者态度的目的在于企业充分利用营销策略，让消费者了解企业的商品，帮助消费者建立对企业的正确信念，培养对企业商品和服务的情感，让企业产品和服务尽可能适应消费者的意向，使消费者的态度向着企业的方面转变。

4. 学习

学习是指由于经验引起的个人行为的改变，即消费者在购买和使用商品的实践中，逐步获得和积累经验，并根据经验调整自己购买行为的过程。学习是通过驱策力、刺激物、提示物、反应和强化的相互影响、相互作用而进行的。

"驱策力"是诱发人们行动的内在刺激力量。例如，某消费者重视身份地位，尊重需要就是一种驱策力。这种驱策力被引向某种刺激物——高级名牌西服时，驱策力就变为动机。在动机支配下，消费者需要作出购买名牌西服的反应。但购买行为发生往往取决于周围的"提示物"的刺激，如看了有关电视广告、商品陈列，消费者就会完成购买。如果穿着很满意的话，他对这一商品的反应就会加强，以后如果再遇到相同诱因时，就会产生相同的反应，即采取购买行为。如反应被反复强化，久而久之就成为购买习惯了。这就是消费者的学习过程。

企业营销要注重消费者购买行为中"学习"这一因素的作用，通过各种途径给消费者提供信息，如重复广告，目的是达到加强诱因，激发驱策力，将人们的驱策力激发到马上行动的地步。同时，企业商品和提供服务要始终保持优质，消费者才有可能通过学习建立起对企业品牌的偏爱，形成其购买本企业商品的习惯。

（二）外在因素

外在因素包括相关群体、社会阶层、家庭和社会文化等。

1. 相关群体

相关群体是指那些影响人们的看法、意见、兴趣和观念的个人或集体。研究消费者行为可以把相关群体分为两类，即参与群体与非所属群体。

（1）参与群体是指消费者置身于其中的群体，有以下两类：

①主要群体是指个人经常性受其影响的非正式群体，如家庭、亲密朋友、同事、邻居等。

②次要群体是指个人并不经常受到其影响的正式群体，如工会、职业协会等。

（2）非所属群体是指消费者置身之外，但对购买有影响作用的群体。有两种情况，一种是期望群体，另一种是游离群体。期望群体是个人希望成为其中一员或与其交往的群体，游离群体是遭到个人拒绝或抵制，极力划清界限的群体。

企业营销应该重视相关群体对消费者购买行为的影响作用；利用相关群体的影响开展营销活动；还要注意不同的商品受相关群体影响的程度不同。商品能见度越强，受相关群体影响越大。商品越特殊、购买频率越低，受相关群体影响越大。对商品越缺乏知识，受相关群体影响越大。

2. 社会阶层

社会阶层是指一个社会按照其社会准则将其成员划分为相对稳定的不同层次。不同社会阶层的人，他们的经济状况、价值观念、兴趣爱好、生活方式、消费特点、闲暇活动、接受大众传播媒体等各不相同。这些都会直接影响他们对商品、品牌、商店、购买习惯和购买方式。

企业营销要关注本国的社会阶层划分情况，针对不同的社会阶层爱好要求，通过适当的信息传播方式，在适当的地点，运用适当的销售方式，提供适当的产品和服务。

3. 家庭

一家一户组成了购买单位，在企业营销中应关注家庭对购买行为的重要影响。研究家庭中不同购买角色的作用，可以利用有效营销策略，使企业的促销措施引起购买发起者的注意，诱发主要营销者的兴趣，使决策者了解商品，解除顾虑，建立购买信心，使购买者购置方便。研究家庭生命周期对消费购买的影响，企业营销可以根据不同的家庭生命周期阶段的实践需要，开发产品和提供服务。

4. 社会文化

每个消费者都是社会的一员，其购买行为必然受到社会文化因素的影响，文化因素有时对消费者购买行为起着决定性的作用。企业营销必须予以充分的关注。

四、消费者购买决策过程

消费者购买是较复杂的决策过程，其购买决策过程一般可分为以下五个阶段，并制定相应的营销策略（见图3-9）。

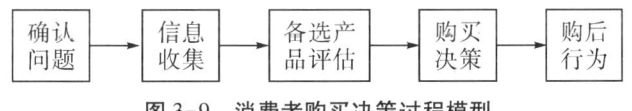

确认问题 → 信息收集 → 备选产品评估 → 购买决策 → 购后行为

图3-9 消费者购买决策过程模型

当消费者意识到对某种商品有需要时，购买过程就开始了。消费者需要可以由内在因素引起，也可以由外在因素引起。此阶段企业必须通过市场调研，认定促使消费者认识到需要的具体因素，营销活动应致力于做好两项工作：发掘消费驱策力；规划刺激，强化需要。

在多数情况下，消费者还要考虑买什么牌号的商品、花多少钱到哪里去买等问题，需要寻求信息，了解商品信息。寻求的信息一般有产品质量、功能、价格、牌号、已经购买者的评价等。消费者的信息来源通常有以下四个方面：商业来源；个人来源；大众来源；经验来源。企业营销任务是设计适当的市场营销组合，尤其是产品品牌广告策略，宣传产品的质量、功能、价格等，以便使消费者最终选择本企业的品牌。

消费者进行比较评价的目的是能够识别哪一种牌号、类型的商品最适合自己的需要。消费者对商品的比较评价，是根据收集的资料，对商品属性做出的价值判断。消费者对商品属性的评价因人因时因地而异，有的评价注重价格，有的注重质量，有的注重牌号或式样等。企业营销首先要注意了解并努力提高本企业产品的知名度，使其进入消费者比较评价的范围之内，才可能被选为购买目标。同时，还要调查研究人们比较评价某类商品时所考虑的主要方面，并突出进行这些方面宣传，对消费者购买选择产生最大影响。

消费者通过对可供选择的商品进行评价，并做出选择后，就形成购买意图。在正常情况下，消费者通常会购买他们最喜欢的品牌。但是有时也会受两个因素的影响而改变购买决定，即他人态度和意外事件。消费者修改、推迟或取消某个购买决定，往往是受已察觉风险的影响。"察觉风险"的大小由购买金额大小、产品性能优劣程度，以及购买者自信心强弱决定。企业营销应尽可能设法减少这种风险，以推动消费者购买。

消费者购买商品后，购买的决策过程还在继续，消费者要评价已购买的商品。企业营销须给予充分的重视，因为它关系到产品日后的市场和企业的信誉。判断消费者购后行为有两种理论，即预期满意理论和认识差距理论。企业营销应密切注意消费者购后感受，并采取适当措施，消除不满，提高满意度。例如，经常征求顾客意见，加强售后服务和保证，改进市场营销工作，力求使消费者的不满降到最低。

模块 C　营销技能实训

实训项目 1：情景模拟训练——顾客投诉应对

1. 实训目标

（1）通过情景模拟深入理解消费者购买行为及其影响因素；

（2）通过情景模拟提高针对消费者的问题的处理应对能力。

2. 实训情景设置

（1）按模拟企业分组进行；

（2）每个企业模拟不同的处理方法；

（3）一个企业在模拟处理时，由其他企业人员模拟消费者的反应。

3. 实训内容

某天，某购物广场顾客服务中心接到一起顾客投诉，某顾客说从该商场购买的××品牌酸奶中吃出了苍蝇。投诉的内容大致是：顾客赵女士从该商场购买了××品牌酸奶后，马上去一家餐馆和朋友一起吃饭，吃完饭后赵女士随手拿出酸奶让自己的孩子喝，赵女士在一边跟朋友聊天，突然听见孩子大叫："妈妈，这里面有苍蝇。"赵女士马上走过去，看见小孩子已经撕开的酸奶盒子里有只苍蝇。

赵女士当时非常生气，带着孩子就到商场来投诉。正在这时，有位值班经理看见了便走过来说："你既然有问题，就带小孩去医院，有问题我们负责！"赵女士听他这么说，更是火冒三丈，大声说："你负责？好，现在我请你吃两只苍蝇，带你去医院检查，我来负责怎么样？"边说还边在商场里大喊大叫，并口口声声说要去消协投诉，引来许多顾客围观。

该购物广场顾客服务中心经理知道后马上前来处理。

（资料来源：王瑶. 市场营销基础实训与指导［M］. 北京：中国经济出版社，2009）

问题：假如你是该购物广场顾客服务中心经理，你将如何处理这个问题？

4. 实训过程与步骤

（1）企业团队提前讨论，形成统一的处理方式；
（2）每个企业派出 1 人作为顾客服务中心经理代表企业来处理；
（3）一个企业在模拟处理时，由其他企业模拟消费者的反应；
（4）比较不同处理方式的消费者反应；
（5）实时的现场控制；
（6）任务完成时的实训绩效评价。

5. 实训绩效

_____实训报告
第_____次市场营销实训

实训项目：_____
实训名称：_____
实训导师姓名：_____；职称（位）：_____；单位：校内□ 校外□
实训学生姓名：_____；专业：_____；班级：_____
实训学期：_____；实训时间：_____；实训地点：_____
实训测评：

评价项目	教师评价	得分	学生自评	得分
任务理解（20 分）				
情景设置（20 分）				
操作步骤（20 分）				
任务完成（20 分）				
训练总结（20 分）				

教师评价得分：_____　学生自评得分：_____　综合评价得分：_____
实训总结：
获得的经验：_____
_____
存在的问题：_____
_____
提出的建议：_____
_____

实训项目 2：观念应用训练——消费者的选择

1. 实训目标

（1）通过情景模拟深入理解消费者购买行为及其影响因素；
（2）通过情景模拟提高针对消费者的问题的处理应对能力。

2. 实训情景设置

（1）按模拟企业分组进行；
（2）每个企业模拟相似情景的实验；

（3）一个企业在模拟某种情景时，由其他企业模拟消费者的选择。

3. 实训内容

心理学研究者奚恺元教授1998年做过一个冰淇淋实验。把7盎司的哈根达斯冰淇淋A装在5盎司的杯子里，看上去都溢出来了。把8盎司的哈根达斯冰淇淋B装在10盎司的杯子里，看上去还没有装满。消费者愿意为哪一份哈根达斯冰淇淋付更多的钱呢？最后的实验结果表明，平均来讲，人们愿意花2.26美元买冰淇淋A，却只愿花1.66美元买冰淇淋B。

（资料来源：屈冠银. 市场营销理论与实训教程［M］. 北京：机械工业出版社，2006）

问题：（1）为什么会出现这种现象？

（2）请每个企业做一个相似情景的实验来验证。

4. 实训过程与步骤

（1）每个企业受领实训任务；

（2）必要的理论引导和疑难解答；

（3）实时的现场控制；

（4）任务完成时的实训绩效评价。

5. 实训绩效

_____实训报告

第_____次市场营销实训

实训项目：_____

实训名称：_____

实训导师姓名：_____；职称（位）：_____；单位：校内□ 校外□

实训学生姓名：_____；专业：_____；班级：_____

实训学期：_____；实训时间：_____；实训地点：_____

实训测评：

评价项目	教师评价	得分	学生自评	得分
任务理解（20分）				
情景设置（20分）				
操作步骤（20分）				
任务完成（20分）				
训练总结（20分）				

教师评价得分：_____ 学生自评得分：_____ 综合评价得分：_____

实训总结：

获得的经验：_____

存在的问题：_____

提出的建议：_____

实训项目 3：能力拓展训练——人物描述

1. 实训目标
(1) 通过能力训练提升洞悉人物内在心理的能力；
(2) 通过能力训练提升发现营销机会的能力。
2. 实训情景设置
(1) 按模拟企业分组进行；
(2) 每个企业模拟不同的处理方法；
(3) 一个企业在模拟处理时，由其他企业模拟消费者的反应。
3. 实训内容

每个企业提供 2 位本企业人员的彩色照片和 2 张产品或广告图片，交给实训老师。

每个企业派出 2 位人员从实训老师手中分别抽出 1 张照片（如果是本企业提交的照片则重新抽取），从年龄、身份、性格、兴趣、生活方式、需求、喜好、心情等心理行为特点方面分别对自己抽取到的照片上的人物与背景进行描述和分析。然后请照片本人评价该位人员分析的准确性和生动性。

每个企业派出 2 位人员从实训老师手中分别抽出 1 张图片（如果是本企业提交的图片则重新抽取）。两个人一组（非本企业人员），每位人员抽到图片后针对该图片提出 8 个问题，请同组另一位人员回答。提出问题，例如，图片的主题是什么？图片中最显眼的是什么？图片与市场能建立什么样的联系？图片中人、物、景可能有什么联系？

4. 实训过程与步骤
(1) 每个企业受领实训任务；
(2) 必要的理论引导和疑难解答；
(3) 实时的现场控制；
(4) 任务完成时的实训绩效评价。

5. 实训绩效

_____实训报告
第_____次市场营销实训

实训项目：_____

实训名称：_____

实训导师姓名：_____；职称（位）：_____；单位：校内□校外□

实训学生姓名：_____；专业：_____；班级：_____

实训学期：_____；实训时间：_____；实训地点：_____

实训测评：

评价项目	教师评价	得分	学生自评	得分
任务理解（20分）				
情景设置（20分）				
操作步骤（20分）				
任务完成（20分）				
训练总结（20分）				

教师评价得分：_____　学生自评得分：_____　综合评价得分：_____

实训总结：

获得的经验：_____

_____

存在的问题：_____

_____

提出的建议：_____

_____

第四章　市场营销调研与预测实训

实训目标：

（1）深入应用和掌握市场营销调查方案的设计。
（2）深入应用和掌握市场营销调查问卷的设计。
（3）深入应用和掌握市场营销调查的实施与步骤。
（4）深入应用和掌握市场营销调查报告的撰写。

模块 A　引入案例

四川乐山白酒消费市场调查方案

一、调查目的
（1）掌握乐山区域白酒消费市场的全面情况；
（2）掌握乐山区域白酒消费者的基本情况；
（3）分析乐山区域白酒消费者个人属性与白酒消费之间的关联关系；
（4）研究乐山区域白酒消费者购买行为习惯，进一步细分目标消费群体；
（5）为探索构建面向消费者的营销体系，有效开展营销策划奠定基础。

二、调查内容
（1）乐山区域白酒消费者基础信息：姓名、性别、市场类型、年龄、学历、职业、收入、联系方式等。
（2）乐山区域白酒消费者购买行为习惯：单次习惯购买量、购买频率、主要消费价位、月均花费、收入变化对购买行为的影响、白酒价格变化对购买行为的影响、消费者购买行为类型等。
（3）乐山区域白酒购买场所：主要购买场所和选择购买场所的原因。
（4）乐山区域白酒品牌消费情况：白酒类型偏好、产地偏好、品牌偏好、品牌选择原因、品牌忠诚度和品牌替代关系等。

三、调查方法
（1）科学的随机抽样方法：分群随机抽样和分区随机抽样相结合。
（2）科学的询问调查方法：留置问卷调查方法和面谈访问调查方法相结合。
（3）观察调查方法：随机观察调查方法和部分重点定点调查方法相结合。
（4）文献资料查阅研究方法：区域基础资料和行业基础资料相结合。
（5）综合比较方法：纵向比较和横向比较相结合。

四、样本配置和抽取

(一) 配置样本数量

调查方案从适龄人口、国内生产总值、社会消费品零售总额、可支配收入、区域特征等方面的关键因素进行了综合考虑,并计算各区县相关因素的权重。

按照相应的权重计算出各区县的总体权重,并以此为依据把样本配置到11个区县,以确保通过调查反映乐山整个区域白酒消费者市场的全面情况。

表本配置和抽取情况如表4-1所示:

表4-1　　　　　　　　　　　样本配置和抽取表

区县	区域特征	人口			国内生产总值		社会消费品零售总额		权重(%)	样本数(人)
		总人口(人)	适龄人口(人)	比重(%)	国内生产总值(万元)	比重(%)	金额(万元)	比重(%)		
市中区	旅游区	575 479	484 355	16.81	925 282	20.43	367 408	22.65	19.96	240
峨眉山		434 990	359 991	12.49	746 387	16.48	262 730	16.20	15.06	181
沙湾区		196 628	164 858	5.72	550 067	12.14	118 689	7.32	8.39	101
五通桥	工业区	325 562	275 530	9.56	493 921	10.90	227 756	14.04	11.50	138
金口河		63 803	50 970	1.77	115 240	2.54	15 262	0.94	1.75	21
夹江县		350 415	286 726	9.95	479 649	10.59	135 160	8.33	9.62	115
犍为县		570 938	467 255	16.22	458 834	10.13	221 873	13.68	13.34	160
井研县	农业区	414 493	337 829	11.72	278 583	6.15	118 270	7.29	8.39	101
沐川县		257 884	203 557	7.06	201 584	4.45	76 252	4.70	5.41	65
马边县	民族区	197 913	156 841	5.44	116 117	2.56	25 858	1.59	3.20	38
峨边县		146 444	103 475	3.59	164 421	3.63	52 663	3.25	3.49	42
乐山市		3 524 549	2 881 387	100	4 529 731	100	1 621 922	100	100	1200

(二) 确定抽样区域和路线

在把样本配置到各区县后,再根据适龄人口、国内生产总值、社会消费品零售总额、可支配收入、区域特征等方面关键因素对各区县情况进行了综合考虑。

按照各区县样本配置情况,通过科学的随机抽样,在各区县的街道、镇、乡、村等随机抽取样本,以确保通过调查反映当地区域白酒消费者市场的全面情况。

确定抽样区域和路线如表4-2所示:

表4-2　　　　　　　　　　　抽样区域和路线表

线路		样本数(人)	里程(千米)	样本抽取区域	调查人员
1	金口河	21	130	和平彝族乡、永和镇	
	峨边县	42		红花乡、沙坪镇、新场乡	

表4-2(续)

线路		样本数(人)	里程(千米)	样本抽取区域	调查人员
2	峨眉山	181	65	绥山镇、九里镇、罗目镇、龙池镇、乐都镇、峨山镇、大为镇、符溪镇、双福镇、高桥镇、胜利镇、新平乡、黄湾乡	
	夹江县	115		漹城镇、甘江镇、黄土镇、界牌镇、甘霖镇、马村乡、土门乡、顺河乡	
3	马边县	38	130	民建镇、劳动乡、下溪乡、荣丁镇	
	沙湾区	101		铜茨乡、牛石镇、福禄镇、葫芦镇、轸溪乡、沙湾镇、嘉农镇	
4	沐川县	65	130	永福镇、建和乡、幸福乡、沐溪镇、新凡乡、利店镇、凤村乡、舟坝镇、茨竹乡	
	犍为县	160		九井乡、双溪镇、清溪镇、玉津镇、下渡乡、罗城镇、定文镇、舞雩乡、塘坝乡、岷东乡、石溪镇	
5	井研县	101	65	研城镇、千佛镇、三江镇、石牛乡、竹园镇、马踏镇、王村镇、磨池镇	
	五通桥	138		金粟镇、桥沟镇、竹根镇、金山镇、西坝镇、杨柳镇、牛华镇、冠英镇、	
	市中区	240		张公桥街道、泊水街街道、上河街街道、箩子街街道；通江镇、土主镇、茅桥镇、苏稽镇、水口镇、安谷镇、绵竹镇、全福镇、九峰镇、罗汉镇、车子镇；剑峰乡、凌云乡、杨湾乡	

五、调查步骤及进度

调查步骤及进度如表4-3所示：

表4-3　　　　　　　　　　　　调查步骤和进度表

工作任务	所需天数(天)	起止日期（待定）		剩余天数(天)
		开始	终止	
A. 制订计划	1			19
B. 起草复制问卷	2			17
C. 人员培训	1			16
D. 资料调查	2			14
E. 实地调查	10			4
F. 整理分析资料	2			2
G. 撰写报告	2			0

六、经费预算

经费预算如表 4-4 所示：

表 4-4 经费预算表

项目		金额（元）	备注
问卷设计制作费用		2600	问卷设计、制作、打印等费用
资料调查费用		1500	查阅统计资料、走访相关部门收集数据等
人员劳务费用	学生	25×50×8 = 10 000	
	教师	5×180×8 = 7200	
人员交通费用		520×2×3×2.5 = 7800	租车费用
人员住宿费用		30×35×8 = 8400	建议按标准实报实销（包括司机 5 人）
问卷收集统计费用		3000	问卷整理、统计分析等费用
结果分析费用		3000	形成调查报告 2 份
礼品购买费用		2000	购买消费者调查所需礼品
其他		2500	保险、药品、过路过桥费（实报实销）等
合计		48 000	

案例思考：

（1）市场营销调查方案设计有什么重要作用？

（2）市场营销调查方案应该包含哪些主体内容？

模块 B　基础理论概要

一、市场营销调研的内涵

（一）市场营销调研的定义

所谓市场营销调研（Marketing Research），是指运用科学方法，有计划、有目的地收集、整理与分析研究有关市场营销方面的信息，了解企业及市场营销环境的历史、现状及其影响因素的变化，发现机会和问题，提出解决问题的建议，为企业的市场预测及营销决策提供依据。

（二）市场营销调研的类型

1. 按调研时间分类

按调研时间分为：一次性调研、定期性调研、经常性调研、临时性调研。

2. 按调研目的分类

按调研目的分为：探测性调研、描述性调研、因果关系调研。

（1）探测性调研，即在情况不明时找出问题的症结，明确进一步调研的内容和重点，进行非正式初步调研。

（2）描述性调研，即在明确问题的内容和重点后，详细地调查和分析，客观地描述，对问题如实地反映和具体地回答。

（3）因果关系调研，即在描述性调研基础上，进一步分析问题发生的因果关系，鉴别和解释某种变量的变化究竟受哪些因素的影响及影响程度。

3. 按市场营销调研的范围分类

按市场营销调研的范围分为：专题性调研和综合性调研。

（1）专题性调研，即为解决某个具体问题而进行的调查研究。

（2）综合性调研，即为全面了解市场营销的状况和面对市场营销活动进行的各个方面的调研。

二、市场营销调研的内容

（一）市场营销环境调研

市场营销环境调研主要是针对企业外部环境因素的调研，包括宏观环境因素和中观环境因素。宏观环境因素调研一般从政治法律因素、经济因素、社会文化因素、技术因素和自然环境因素等方面来进行。中观环境因素调研一般从供应商、顾客、劳动力市场、竞争对手、社会公众、金融机构、政府机关等方面进行。

（二）市场需求调研

市场需求调研包括市场需求总量及其构成的调研、各细分市场及目标市场需求的调研、市场份额及其变化趋势的调研等。

（三）消费市场调研

消费市场调研包括消费者人文情况调研、消费者收入情况调研、消费者购买行为调研、商品拥有率调研等。

（四）产品状况调研

产品状况调研主要包括产品状况调研和产品价格调研。产品状况调研从产品实体、产品形体、产品服务等方面进行。产品价格调研从产品成本及比价、价格与供求关系、定价效果等方面进行。

（五）销售渠道的调研

销售渠道的调研包括现有销售渠道的调研、经销单位调研、渠道调整的可行性分析等。

（六）广告及促销状况调研

广告及促销状况调研包括广告及促销客体的调研、广告及促销主体的调研、广告及促销媒体的调研、广告及促销受众的调研、广告及促销效果的调研等。

（七）竞争对手调研

竞争对手调研主要调查企业的主要竞争对手及潜在竞争对手的数量与实力，包括竞争对手的产品策略、价格策略、渠道策略和促销策略等。

（八）企业形象调研

企业形象调研包括企业理念形象的调研、企业行为形象的调研、企业视觉传递形象的调研等。

三、市场营销调研的步骤

市场营销调研的步骤如图 4-1 所示：

明确调研主题 → 拟订调研计划 → 收集调研信息 → 分析调研信息 → 形成调研报告

图 4-1　市场营销调研的步骤

（一）明确调研主题

确定主要解决的问题与总体的调研目标。不同行业、不同地域、不同企业要求各不一样。

（二）拟订调研计划

明晰调查目的、调查项目、确定调查样本（对象）、调研范围、调查日程安排、调查方法、经费估计等。

确定调查样本（对象）包括样本数的确定和选定抽样方法。样本数的确定是基于普查和典型调查的抉择，根据调查课题的要求、调查项目在样本间差异的大小、企业可投入调查的人力和财力情况等因素来确定调查样本数。抽样方法包括随机抽样法和非随机抽样法。随机抽样包括单纯随机抽样法、均匀间隔抽样、分层随机抽样法、分群随机抽样法；非随机抽样包括便利抽样法、判断抽样法、配额抽样法。

（三）收集调研信息

收集资料分为现有资料和原始资料两种。现有资料又称为第二手资料，是经过他人收集、记录和整理所积累起来的各种数据和文字资料。原始资料又称为第一手资料，是调查人员通过实地调查所取得的资料。

直接调查法包括固定样本连续调查法、观察调查法、实验调查法、询问调查法（面谈调查、电话调查、邮寄调查、留置问卷调查）。

间接调查法包括卡片整理法、随机反应法、字眼联想法、填空连句法、漫画测验法。

（四）分析调研信息

分析调研信息的主要工作是整理获取的资料，采用各种统计方法对所有的调查数据进行统计分析。

（五）形成调研报告

撰写具备系统化、简单化和表格化要求的调研报告，提出结论和意见，达到简明、准确、完整、科学和适用的目的，作为科学决策的依据。

四、市场营销预测

（一）市场营销预测的概念

市场营销预测是指通过对市场营销信息的分析和研究，寻找市场营销的变化规律，并以此规律去推断未来的过程。

（二）市场营销预测的类型

市场营销预测的类型根据不同的标准有不同的划分。根据预测范围划分为宏观预测和微观预测；根据预测期时间的长短来划分为长期预测、中期预测和短期预测；根据预测时所用方法的性质划分为定性预测和定量预测。

（三）市场营销预测的步骤

首先，确定预测目标；其次，收集整理资料；再次，选定预测方法；最后，分析预测误差，调整预测结果，做出最终预测。

（四）市场营销预测的内容与方法选择

1. 市场需求量的预测

可用市场调研预测法、成长曲线趋势外推法、回归分析法建立需求函数进行预测。

2. 商品销售量的预测

一般商品的销售量可用市场因素推演法、综合判断法、主观概率法进行预测；季节性商品的销售量则采用另外的预测方法。

3. 企业市场占有率的预测

企业的市场占有率是指绝对市场占有率，即本企业产品的销售额与某地区同类产品的销售总额之比率，可以运用马尔科夫链来进行预测。

4 市场潜量预测

某产品的市场潜量是指该产品市场需求的最大值，即在既定环境下，当行业营销费用趋向无穷大时，市场需求的极限值。市场潜量的测定可以运用潜在购买者推算法和锁比法。

五、市场调查方案设计

市场调查的总体方案设计是对市场调查工作各个方面和全部过程的通盘考虑，包括了整个调查工作过程的全部内容。市场调查总体方案是否科学、可行，是整个调查成败的关键。市场调查总体方案设计主要包括下述几项内容：确定调查目的、确定调查对象和调查单位、确定调查项目、制定调查提纲和调查问卷、确定调查时间和调查工作期限、确定调查地点、确定调查方式和方法、确定调查资料整理和分析方法、确定提交报告的方式、制订调查的组织实施计划。

(一) 确定调查目的

明确调查目的是调查设计的首要问题，只有确定了调查目的，才能确定调查的范围、内容和方法，否则就会列入一些无关紧要的调查项目，而漏掉一些重要的调查项目，无法满足调查的要求。确定调查目的，就是明确在调查中要解决哪些问题，通过调查要取得什么样的资料，取得这些资料有什么用途等问题。衡量一个调查设计是否科学的标准，主要就是看方案的设计是否体现调查目的的要求，是否符合客观实际。

(二) 确定调查对象和调查单位

明确了调查目的之后，就要确定调查对象和调查单位，这主要是为了解决向谁调查和由谁来具体提供资料的问题。调查对象就是根据调查目的、任务确定调查的范围以及所要调查的总体对象，它是由某些性质上相同的许多调查单位所组成的。调查单位就是所要调查的社会经济现象总体中的个体，即调查对象中的一个个具体单位，它是调查中要调查登记的各个调查项目的承担者。

在确定调查对象和调查单位时，应该注意以下问题：

第一，由于市场现象具有复杂多变的特点，因此在许多情况下，调查对象也是比较复杂的，必须用科学的理论为指导，严格规定调查对象的涵义，并指出它与其他有关现象的界限，以免造成调查登记时由于界限不清而发生的差错。例如，以城市职工为调查对象，就应明确职工的涵义，划清城市职工与非城市职工、职工与居民等概念的界限。

第二，调查单位的确定取决于调查目的和对象，调查目的和对象变化了，调查单位也要随之改变。例如，要调查城市职工基本情况时，这时的调查单位就不再是每一户城市职工家庭，而是每一个城市职工了。

第三，不同的调查方式会产生不同的调查单位。如采取普查方式，调查总体内所包括的全部单位都是调查单位；如采取重点调查方式，只有选定的少数重点单位是调查单位；如果采取典型调查方式，只有选出的有代表性的单位是调查单位；如果采取抽样调查方式，则用各种抽样方法抽出的样本单位是调查单位。

(三) 确定调查项目

调查项目是指对调查单位所要调查的主要内容，确定调查项目就是要明确向被调查者了解些什么问题。在确定调查项目时，除要考虑调查目的和调查对象的特点外，还要注意以下几个问题：

第一，确定的调查项目应当既是调查任务所需，又是能够取得答案的。凡是调查需要又可以取得的调查项目要充分满足，否则不应列入。

第二，项目的表达必须明确，要使答案具有确定的表示形式，如数字式、是否式或文字式等。否则，会使被调查者产生不同理解而做出不同的答案，造成汇总时的困难。

第三，确定调查项目应尽可能做到项目之间相互关联，使取得的资料相互对照，以便了解现象发生变化的原因、条件和后果，便于检查答案的准确性。

第四，调查项目的涵义要明确、肯定，必要时可附以调查项目解释。

(四) 制定调查提纲和调查问卷

当调查项目确定后，可将调查项目科学地分类、排列，构成调查提纲或调查问卷，方便调查登记和汇总。

(五) 确定调查时间和调查工作期限

调查时间是指调查资料所属的时间。如果所要调查的是时期现象，就要明确规定资料所反映的是调查对象从何时起到何时止的资料。如果所要调查的是时点现象，就要明确规定统一的标准调查时点。

调查期限是规定调查工作的开始时间和结束时间，包括从调查方案设计到提交调查报告的整个工作时间，也包括各个阶段的起始时间，其目的是使调查工作能及时开展、按时完成。为了提高信息资料的时效性，在可能的情况下，调查期限应适当缩短。

(六) 确定调查地点

在调查方案中，还要明确规定调查地点。调查地点与调查单位通常是一致的，但也有不一致的情况，当不一致时尤其有必要规定调查地点。

(七) 确定调查方式和方法

在调查方案中，还要规定采用什么组织方式和方法取得调查资料。收集调查资料的方式有普查、重点调查、典型调查、抽样调查等。具体调查方法有文案法、访问法、观察法和实验法等。在调查时，采用何种方式、方法不是固定和统一的，而是取决于调查对象和调查任务。在市场经济条件下，为准确、及时、全面地取得市场信息，尤其应注意多种调查方式的结合运用。

(八) 确定调查资料整理和分析方法

采用实地调查方法收集的原始资料大多是零散的、不系统的，只能反映事物的表象，无法深入研究事物的本质和规律性，这就要求对大量原始资料进行加工汇总，使之系统化、条理化。目前这种资料处理工作一般已由计算机进行，这在设计中也应予以考虑，包括采用何种操作程序以保证必要的运算速度、计算精度及特殊目的。

随着经济理论的发展和计算机的运用，越来越多的现代统计分析手段可供我们在分析时选择，如回归分析、相关分析、聚类分析等。每种分析技术都有其自身的特点和适用性，因此应根据调查的要求，选择最佳的分析方法并在方案中加以规定。

(九) 确定提交报告的方式

确定提交报告的方式主要包括调查报告书的形式和份数、报告书的基本内容、报告书中图表量的大小等。

(十) 制订调查的组织实施计划

调查的组织实施计划是指为确保实施调查的具体工作计划，内容主要包括调查的组织领导，调查机构的设置，调查人员的选择、培训和分工，调查经费开支的预算，工作步骤及其善后处理等。必要时候，还必须明确规定调查的组织方式。

调查步骤及进度和调查经费开支预算分别参见表 4-5、表 4-6。

表 4-5　　　　　　　　　　　调查步骤及进度

工作任务	所需天数	起止日期（待定）		剩余天数
		开始	终止	
A. 制订计划				
B. 起草复制问卷				
C. 人员培训				
D. 资料调查				
E. 实地调查				
F. 整理分析资料				
G. 撰写报告				

表 4-6　　　　　　　　　　　调查经费开支预算

项目	金额（元）	备注
问卷设计制作费用		问卷设计、制作、打印等费用
资料调查费用		查阅统计资料、走访相关部门收集数据等
人员劳务费用		
人员交通费用		
人员住宿费用		
问卷收集统计费用		问卷整理、统计分析等费用
结果分析费用		形成调查报告
礼品购买费用		购买消费者调查所需礼品
其他		保险、药品、过路过桥费等
合计		

六、市场调查问卷设计

调查问卷（Questionnaire）又称调查表或询问表，是调查者根据一定的调查目的和要求，按照一定的理论假设设计出来的，由一系列问题、调查项目、备选答案及说明所组成的，向被调查者收集资料的一种工具。

（一）市场调查问卷的功能

第一，把研究目标转化为特定的问题。

第二，使问题和回答范围标准化，让每一个人面临同样的问题环境。

第三，通过措辞、问题流程和卷面形象来获取应答者的合作，并在整个谈话中激励被访问者。

第四，可作为调研活动的永久记录。

第五，能加快数据分析的进程。

(二) 市场调查问卷的类型

1. 根据市场调查中使用问卷方法的不同分类

(1) 自填式问卷是指由调查者发给（或邮寄给）被调查者，被调查者根据实际情况自己填写的问卷。

(2) 代填式问卷是指调查者按照事先设计好的问卷或问卷提纲向被调查者提问，然后根据被调查者的回答，由调查者进行填写的问卷。

2. 根据问卷发放方式的不同分类

(1) 送发式问卷是指由调查者将调查问卷送发给选定的被调查者，待被调查者填答完毕之后再统一收回。

(2) 邮寄式问卷是指通过邮局将事先设计好的问卷邮寄给选定的被调查者，并要求被调查者按规定的要求填写后回寄给调查者。

(3) 报刊式问卷是指随报刊的传递发送问卷，并要求报刊读者对问题如实作答并回寄给报刊编辑部。

(4) 人员访问式问卷是指由调查者按照事先设计好的调查提纲或调查问卷对被调查者提问，然后再由调查者根据被调查者的口头回答如实填写问卷。

(5) 电话访问式问卷是指通过电话来对被调查者进行访问调查的问卷类型。

(6) 网上访问式问卷是指在互联网上制作，并通过互联网来进行调查的问卷类型。

(三) 市场调查问卷的基本结构

一份完整的调研问卷通常由标题、说明、填表指导、调研主题内容、编码和被访者基本情况、访问员情况、结束语等内容构成。

1. 问卷的标题

问卷的标题概括地说明调研主题，使被访者对所要回答的问题有一个大致的了解。确定问卷标题要简明扼要，但又必须点明调研对象或调研主题。例如，"××市大学生手机消费情况调研"，而不要简单采用"手机消费调查问卷"这样的标题，这样无法使被访者了解明确的主题内容，妨碍接下去回答问题的思路。

2. 问卷说明

在问卷的卷首一般有一个简要的说明，主要说明调研意义、内容和选择方式等，以消除被访者的紧张和顾虑。问卷的说明要力求言简意赅，文笔亲切又不太随便。例如："我是×××机构的采访员，我们正在进行一项关于×××的市场调查，旨在了解×××的基本情况，以分析×××发展的趋势和前景。您的回答无所谓对错，只要能真正反映您的想法就达到我们这次调查的目的。希望您能够积极参与，我们将对您的回答完全保密。调查会耽误您10分钟左右的时间，请您谅解。谢谢您的配合和支持。"

3. 填表指导

对于需要被访者自己填写的问卷，应在问卷中告诉回答者如何填写问卷。填表指导一般可以写在问卷说明中，也可单独列出，其优点是要求更加清楚，更能引起回答者的重视。例如，问卷答案没有对错之分，只需根据自己的实际情况填写即可；问卷的所有内容需您个人独立填写，如有疑问，敬请垂询您身边的工作人员；您的答案对于我们改进工作非常重要，希望您能真实填写。

4. 调研主题内容

调研主题内容是按照调研设计逐步逐项列出调研的问题，是调研问卷的主要部分。这部分内容的好坏直接影响整个调研价值的高低。

5. 编码

编码是将问卷中的调研项目以及被选答案变成统一设计的代码的工作过程。如果问卷均加以编码，就会易于进行计算机处理和统计分析。一般情况都是用数字代号编码，并在问卷的最右侧留出"统计编码"位置。

6. 被访者基本情况

这是指被访者的一些主要特征，如个人的姓名、性别、年龄、民族、单位、住址等。这些是分类分析的基本控制变量。在实际调研中要根据具体情况选定询问的内容，并非多多益善。如果在统计问卷信息时不需要统计被访者的特征，就不需要询问。这类问题一般适宜放在问卷的末尾。如问题不是很隐私，也可以考虑放在"问卷说明"后面。

7. 访问员情况

在调研问卷的最后，要求附上调研人员的姓名、调研日期、调研的起止日期等，以利于对问卷质量进行监察控制。如果被访者基本情况是放在"问卷说明"的后面，访问员情况也可以考虑和被访者的基本情况放在同一个表格中。

8. 结束语

结束语一般采用以下三种表达方式：

（1）周密式。对被访者的合作再次表示感谢，以及关于不要填漏与复核的请求。这种表达方式既显示访问者首尾一贯的礼貌，又督促被访者填好未回答的问题和改正有错的答案。例如："对于你所提供的协助，我们表示诚挚的感谢！为了保证资料的完整与详实，请你再花一分钟，浏览一下自己填过的问卷，看看是否有填错、填漏的地方。谢谢！"

（2）开放式。提出该次调查研究中的一个重要问题，在结尾安排一个开放式的问题，以了解被访者在标准问题上无法回答的想法。例如："你对于制定关于××产品限价的政策有何建议？"

（3）响应式。提出关于该次调研的形式与内容的感受或意见等方面的问题，征询被访者的意见。问题形式可用封闭式，也可用开放式。

（4）封闭式。例如："你填完问卷后对我们的这次调查有什么感想（单选）？"

（四）市场调查问卷设计过程

市场调查问卷设计的过程一般包括十大步骤：确定所需信息；确定问卷的类型；确定问题的内容；确定问题的类型；确定问题的措辞；确定问题的顺序；问卷的排版和布局；问卷的预试；问卷的定稿；问卷的评价。

1. 确定所需信息

把握所有达到研究目的和验证研究假设所需要的信息，确定用于分析使用这些信息的方法，并按这些分析方法所要求的形式来收集资料、把握信息。

2. 确定问卷的类型

要综合考虑制约问卷类型选择的因素，如调研费用、时效性要求、被调查对象、调查内容。

3. 确定问题的内容

确定问题的内容，最好与被调查对象联系起来，即确定这个问题对某类调查对象是否简单、熟悉、有趣、易回答。

（1）问题必须与调查主题紧密相关。在问卷设计之初要找出与调查主题相关的要素。例如，调查某化妆品的用户消费感受，这里并没有一个现成的选择要素的法则。但从问题出发，特别是结合一定的行业经验与商业知识，要素是能够被寻找出来的。一是使用者（可认定为购买者），包括其基本情况（如性别、年龄、皮肤类型等）、使用化妆品的情况（是否使用过该化妆品、周期、使用化妆品的日常习惯等）；二是购买力和购买欲，包括其社会状况收入水平、受教育程度、职业等，化妆品消费特点（品牌、包装、价位、产品外观等），使用该化妆品的效果（如价格、使用效果、心理满足等）；三是产品本身，包括对包装与商标的评价、广告等促销手段的影响力、与市场上同类产品的横向比较等。

（2）问题的设置是否具有普遍意义。这是问卷设计的一个基本要求。一些常识性的错误会使调查委托方低估调查者的水平。举例如下：

问题：你拥有哪一种信用卡？

答案：A. 长城卡；B. 牡丹卡；C. 龙卡；D. 维萨卡；E. 金穗卡。

其中"D"的设置是错误的，应该避免。在一般性的问卷技巧中，需要注意的是不能犯问题内容上的错误。

（3）问题的设计要有整体感。这种整体感即是问题与问题之间要具有逻辑性、条理性、程序性，独立的问题本身也不能出现逻辑上的谬误，从而使问卷成为一个相对完善的小系统。由于问题设置紧密相关，因而能够获得比较完整的信息。调查对象也会感到问题集中、提问有章法。相反，假如问题是发散的、带有意识流痕迹的，问卷就会给人以随意性而不是严谨的感觉。

（4）问题要清晰明确、便于回答。如时间耗费设置为"10~60分钟"或"1小时以内"等，则不仅不明确、难以说明问题，而且令被访问者也很难作答。又如，问卷中常有"是"或"否"一类的是非式命题，举例如下：

问题：您的婚姻状况是（　　　）。

答案：A. 已婚；B. 未婚。

显而易见，此题还有第三种答案（离婚/丧偶/分居）。如按照以上方式设置则不可避免地会发生选择上的困难和有效信息的流失。

（5）问题要设置在中性位置、不参与提示或主观臆断，完全将被访问者的独立性与客观性摆在问卷操作的限制条件的位置上。举例如下：

问题：你认为这种化妆品对你的吸引力在哪里？

A. 迷人的色泽；B. 芳香的气味；C. 满意的效果；D. 精美的包装。

这样一种设置则具有了诱导和提示性，从而在不自觉中掩盖了事物的真实性。

（6）便于整理、分析。成功的问题设计除了考虑到紧密结合调查主题与方便信息收集外，还要考虑到容易得出调查结果和具有说服力。这就需要考虑到问卷在调查后的整理与分析工作。

4. 确定问题的类型

问题的类型归结起来可以分为三类：开放式问题、封闭式问题、混合型问题。

（1）开放式问题（Open-end Questions）。开放式问题也称自由问答题，只提问题或要求，不给具体答案，要求被调查者根据自身实际情况自由作答。开放式问句主要限于探测性调研。开放式问题一般用于作为调查的引入、对调查的介绍；用于当某个问题的答案太多或根本无法预料时；由于研究需要，必须在研究报告中原文引用被调查者的原话时，需要采用开放式问题。开放式问题的设计方式很多，主要有以下几类：

①自由回答法。自由回答法要求被调查者根据问题要求，用文字形式自由表述。例如："你对中国东方航空公司的服务有什么意见？"

②词语联想法。给被调查者一个有许多意义的词或词表，让被调查者看到词后马上说出或者写出最先联想到的词。例如："当你听到下列文字时，你脑海中涌现的第一个词是什么？航空公司、东方航空、旅行……"

③句子完成法。提出一些不完整的词句，每次一个，由被调查者完成该词句。例如："当我选择一个航空公司时，在我的决定中最重要的考虑点是_____。"

④文章完成法。由调查者向被调查者提供有头无尾或有尾无头的文章，由被调查者按自己的意愿来完成，使之成篇，从而借以分析被调查者的隐秘动机。例如："我在几天前乘了东航班机。我注意到该飞机的内部都展现了明亮的颜色，这使我产生了下列联想和感慨_____（现在请你完成这一故事）。"

⑤角色扮演法。这种方式不让被调查者直接说出自己对某种产品的动机和态度，而让其通过观察别人对这种产品的动机和态度来间接暴露自己的真实动机和态度。

（2）封闭式问题（Closed-end Questions）。给定备选答案，要求被调查者从中做出选择，或者给定"事实性"空格，要求如实填写。

①两项选择题也称是非题，是多项选择的一个特例，一般只设两个选项，如"是"与"否"；"有"与"没有"等。这两种答案是对立的、排斥的，被调查者的回答非此即彼，不能有更多的选择。例如："在安排这次旅行中，您打算使用中国东方航空公司的电话服务吗？是□ 否□"

②多项选择题。多项选择题是从多个备选答案中选择一个或选择几个。这是各种调查问卷中采用最多的一种问题类型。由于所设答案不一定能表达出填表人所有的看法，所以在问题的最后通常可设"其他"项目，以便使被调查者表达自己的看法。例如："在本次飞行中，您和谁一起旅行？没有□ 只有孩子□ 配偶□ 同事/朋友/亲属□ 配偶和孩子□ 一个游览组□ 其他□"

③填入式问题。填入式问题一般针对只有唯一答案（对不同人有不同答案）的问

题。例如："您工作年限是_____年。"

④顺位式问题又称序列式问题，是在多项选择的基础上，要求被调查者对询问的问题答案，按自己认为的重要程度和喜欢程度顺位排列。顺位法便于被调查者对其意见、动机、感觉等做衡量和比较性的表达，也便于对调查结果加以统计。但调查项目不宜过多，过多则容易分散，很难顺位，同时所询问的排列顺序也可能对被调查者产生某种暗示影响。例如："请您对东航的下列改进项目排列顺序：1. 食品服务□ 2. 卫生服务□ 3. 登机时间□ 4. 行李服务□ 5. 售票服务□"

⑤态度评比测量题。态度评比测量题是将消费者态度分为多个层次进行测量，其目的在于尽可能多地了解和分析被调查者群体客观存在的态度。例如："您喜不喜欢喝矿泉水？很不喜欢□ 不太喜欢□ 一般□ 比较喜欢□ 很喜欢□"

⑥矩阵式问题。矩阵式问题是将若干同类问题及几组答案集中在一起排列成一个矩阵，由被调查者按照题目要求选择答案。矩阵式问题可以采取表格式矩阵（见表4-7），也可以采取非表格式矩阵形式。

表 4-7　　　　　　　　　　　矩阵式问题示例

·"您在商场购物时，是否存在下列现象？存在程度如何？"（请在相应的空格内打√）

现象 \ 程度	经常存在	偶尔存在	不存在	不知道	不想回答
（1）售货员态度不好					
（2）商场过于拥挤					
（3）排队等候结账					
（4）以次充好					
（5）不退货					

⑦比较式问题。比较式问题是将若干可比较的事物整理成两两对比的形式，由被调查者进行比较后选择。例如："您出国旅行优先考虑哪国航空公司？1. 中国与美国□ 2. 中国与日本□ 3. 中国与泰国□ 4. 中国与新加坡□"

（3）混合型问题。混合型问题又称半开放半封闭式问题，是一种介于开放式问题和封闭式问题之间的一种问题设计方式，即在一个问题中，只给出一部分答案，被调查者可从中挑选，另一部分答案则不给出，要求被调查者根据自身实际情况自由作答。半开放半封闭式问题应用较少，因为很多场合下，可以将其一分为二。

5. 确定问题的措辞

在问卷设计的措辞方面，需要注意以下问题：

（1）问题的陈述应尽量简洁、清楚，避免模糊信息；
（2）避免提带有双重或多重含义的问题；
（3）最好不用反义疑问句，避免使用否定句；
（4）注意避免问题的从众效应和权威效应；
（5）避免使用引导性语句；

（6）避免使用断定性语句；

（7）避免使用假设性问题.

6. 确定问题的顺序

确定问题的顺序是指问题相互之间的排列组合和排列顺序。确定问题的排列顺序必须遵循以下两条基本要求，即便于被调查者顺利作答；便于资料的整理和分析。为此，问题的排列要有逻辑性。具体要求如下：

（1）先易后难，按问题的难易程度排列次序；

（2）先近后远（或先远后进），按问题的时间先后顺序排列次序；

（3）同类集中，相同性质或同类问题尽量集中排列。

各种性质问题的顺序示例如表4-8所示：

表4-8 　　　　　　　　　各种性质问题的顺序

位置	类型	例子	理论基础
过滤性问题	限制性问题	"去年的12月中您曾滑过雪吗？" "您拥有一副雪橇吗？"	为了辨别目标回答者，对去年滑过雪的雪橇拥有者的调查
最初几个问题	适应性问题	"您拥有何种品牌的雪橇？" "您已使用几年了？"	易于回答，向回答者表明调查很简单
前1/3的问题	过渡性问题	"您最喜欢雪橇的哪些特征？"	与调研目的有关，需稍动些脑筋才能回答
中间1/3的问题	难于回答及复杂的问题	"以下是雪橇的10个特征请用以下量表分别评价您的雪橇的特征。"	应答者已保证完成问卷并发现只剩下几个问题
最后部分	分类和个人情况	"您的最高学历是什么？"	有些问题可能被认为是个人问题，应答者可能留下空白，但它们是在调查的末尾。

7. 问卷的排版和布局

总的要求：一是整齐、美观；二是便于阅读、作答；三是便于统计。具体要求如下：

（1）卷面排版不能过紧、过密，字间距、行间距要适当。

（2）字体和字号要有机组合，可适当通过变换字体和字号来美化版面。问卷题目一定要醒目，可以采用黑体，字号可以选择"一号""初号"或直接"自定义"大小。至于问题和答案，要选择"小四"或"四号"字，也可用"五号"字，但问题和答案一定要有变化，应该突出问题。突出问题的方法很多，比如说加粗、放大字号、改变字体等。问卷的说明信、结束语和正文字体也要有所变化。通常的做法是说明信、结束语部分采用楷体，正文部分（调查内容）采用宋体或仿宋体。

（3）对于开放式问答题，一定要留足空格以供被调查者填写，不要期望被调查者自备纸加页。对于封闭式问答题，给出的每一个答案前都应有明显的标记，答案与答案之间要有足够的空格。

（4）注意一些细节性问题。例如，在可能的情况下，一个题目最好不要编排成两页；核对一定要仔细，不要出现漏字、错字现象。

8. 问卷的预试

问卷的初稿设计工作完毕、获得管理层的最终认可之后，一定要先组织问卷的预先测试。预先测试通常选择 20~100 人，样本数不宜太多，也不要太少，样本数太多增大调研成本，太少则达不到测试目的。在预先测试工作完成之后，对需要改动的地方作修改。如果第一次测试后有很大的改动，可以考虑组织第二次预试。

9. 问卷的定稿

当问卷的预试工作完成、确定没有必要再进一步修改后，可以考虑定稿。问卷定稿后就可以交付打印，正式投入使用。

10. 问卷的评价

问卷的评价是对问卷的设计质量进行一次总体性评估。对问卷进行评价的方法很多，主要有四种，即专家评价、上级评价、被调查者评价、自我评价。

（五）市场调查问卷设计的要求

第一，问卷不宜过长，问题不能过多，一般控制在 20 分钟左右回答完毕。

第二，所问问题应该都是必要的，可要可不要的问题不要列入。

第三，能够得到被调查者的密切合作，充分考虑被调查者的身份背景，不要提出对方不感兴趣的问题。

第四，所问问题不应是被调查者不了解或难以答复的问题。使人感到困惑的问题会让你得到的是"我不知道"的答案。在"是"或"否"的答案后应有一个"为什么"。

第五，在询问问题时不要转弯抹角。例如，如果想知道顾客为什么选择你的店铺买东西，就不要问："你为什么不去张三的店铺购买？"你这时得到的答案是他们为什么不喜欢张三的店铺，但你想了解的是他们为什么喜欢你的店铺。根据顾客对张三店铺的看法来了解顾客为什么喜欢你的店铺可能会导致错误的推测。

第六，问题的排列顺序要合理，一般先提出概括性的问题，逐步启发被调查者，做到循序渐进。

第七，将比较难回答的问题和涉及被调查者个人隐私的问题放在最后。

第八，为了有利于数据统计和处理，调查问卷最好能直接被计算机读入，以节省时间和提高统计的准确性。

第九，注意询问语句的措辞和语气。在语句的措辞和语气方面，一般应注意以下几点：

一是问题要提得清楚、明确、具体。

二是要明确问题的界限与范围，问句的字义（词义）要清楚，否则容易误解，影响调查结果。

三是避免用引导性问题或带有暗示性的问题诱导人们按某种方式回答问题使调查者得到的是自己提供的答案。

四是避免提问使人尴尬的问题。

五是对调查的目的要有真实的说明,不要说假话。

六是需要理解他们所说的一切。利用问卷做面对面访问时,要注意给回答问题的人足够的时间,让人们讲完他们要讲的话。为了保证答案的准确性,将答案向调查对象重念一遍。

七是不要对任何答案做出负面反应。如果答案使你不高兴,不要显露出来。如果别人回答从未听说过你的产品,那说明他们一定没听说过。这正是你为什么要做调查的原因。

八是不能使用专业术语,也不能将两个问题合并为一个,以至于得不到明确的答案。

七、市场调研报告撰写

撰写市场调研报告是把市场调研分析的结果用文字表述出来,撰写调研报告的目的是反映实际情况,为决策提供书面依据。报告的撰写是在对调研资料进行科学的整理、分析基础上进行的。

(一)确定市场调研报告主题

1. 确定选题

选题一般表现为调研报告的标题,也就是调研报告的题目,它必须准确揭示调研报告的主题思想,做到题文相符;高度概括,具有较强的吸引力。一般是通过简明扼要地突出本次市场调研全过程中最有特色的环节的方式,揭示本报告所要论述的内容。

2. 提炼并形成调研报告的观点

观点是调研者对分析对象所持有的看法和评价,是调研材料的客观性与调研者主观认识的统一体,是形成思路、组织材料的基本依据和出发点。要从实际调研的情况和数字出发,通过现象而把握本质,具体分析,提炼观点,并立论新颖,用简单、明确、易懂的语言阐述。

(二)构思市场调研报告的提纲

提纲是市场调研报告的骨架,拟订一份提纲可以理清思路。市场调研报告提纲可以采用从层次上列出报告的章节形式的条目提纲,或者列出各章节要表述的观点形式的观点提纲。一般先拟订提纲框架,把调研报告分为几大部分。然后在各部分中再充实,按次序或轻重、横向或纵向罗列而成较细的提纲。提纲越细,反映调研者的思路越清晰,同时也便于对调研报告进行调整。

一般来说,市场调研报告提纲包括以下部分:

前言:概述调查的意义与目的。

第一部分:陈述问卷调查的情况。内容包括问卷涵盖的问题、样本的获取方法及样本数量、有效问卷等。

第二部分:调查数据的统计分析。说明数据处理的方法,分析数据的主要计算结果。

第三部分:调查结果分析。就调查数据结果,结合访谈资料,分析各种现象,并进行成因分析。

第四部分，结论与建议。就分析结果提出科学、合理的建议。

（三）撰写市场调研报告

当市场调研报告提纲确定以后，就要着手撰写市场调研报告。

1. 市场调研报告的格式和结构

（1）报告题目。作为一种习惯做法，市场调研报告题目的下方紧接着注明报告人或单位、报告日期，然后另起一行，注明报告呈交的对象。这些内容编排在市场调研报告的首页上。

（2）报告目录与摘要。当市场调研报告的页数较多时，应使用目录或索引形式列出主要纲目及页码，编排在报告题目的后面。报告应提供"报告摘要"，主要包括以下四方面内容：

①明确指出本次调研的目标。

②简要指出调研时间、地点、对象、范围以及调研的主要项目。

③简要介绍调研实施的方法、手段以及对调研结果的影响。

④调研中的主要发现或结论性内容。

（3）报告的正文。正文应依据市场调研提纲设定的内容充分展开，是一份完整的市场调研报告。正文的写作要求言之有据、简练准确。每层意思可以用另起一段的方式处理，而不需刻意注意文字的华丽与承接关系，但逻辑性要强，要把整个报告作为一个整体来处理。

（4）附录文件。附件是指市场调研报告正文包含不了的内容或对正文结论的说明的内容，是正文报告的补充或更为详细的专题性说明。一般包括数据的汇总表、统计公式或参数选择的依据，与本调研题目相关的整体环境资料或有直接对比意义的完整数据、调查问卷、访谈提纲等，均可单独成为报告的附件。

2. 市场调研报告的撰写技巧

（1）标题的写法。市场调研报告的标题可以采用单标题与双标题。单标题只有一行标题，一般通过标题把被调查单位和调查内容明确而具体的表现出来；双标题有两行标题，采用正、副标题形式，一般正标题表达调查主题，副标题用于补充说明调查对象和主要内容。由于双标题优点很多，正标题突出主题，副标题交代形势、背景，有时还可以烘托气氛，二者互相补充，因此成为调查分析报告中最常用的形式。

在具体确定标题时，可以采用下面的形式：

①"直叙式"的标题，即反映调查意向或调查项目、调查地点的标题。这种标题简明、客观，一般调查报告多采用这种标题。

②"表明观点式"的标题，即直接阐明作者的观点、看法，或对事物进行判断、评价。

③"提出问题式"的标题，即以设问、反问等形式，突出问题的焦点和尖锐性，吸引读者，促使读者思考。

（2）写作的表达方式。市场调研报告的表达方式以说明为主。"说明"在调研报告中的主要作用是将研究对象及其存在的问题、产生的原因、程度以及解决问题的办法解释清楚，使读者了解、认识和信服。在报告中不论是陈述情况、介绍背景，还是总结经验、罗列问题、分析原因以及反映事物情节、特征和状况等，都要加以说明。即使提出建议和措施也要说明。因此，市场调研报告是一种特殊说明文，而且特殊之处就在于处处都要说明。

（3）市场调研报告的语言。市场调研报告不是文学作品，它具有较强的应用性。因此，市场调研报告的语言应该严谨、简明和通俗。

①严谨。在调研报告中尽量不使用如"可能""也许""大概"等含糊的词语，还要注意在选择使用表示强度的副词或形容词时，要把握词语的程度差异，如"有所反应"与"有反应"，"较大反响"与"反应强烈"，"显著变化"与"很大变化"之间的差别。为确保用词精确，最好用数字来反映。还要区分相近、易于混淆的概念，如"发展速度"与"增长速度"，"番数"与"倍数"，"速度"与"效益"。

②简明。在叙述事实情况时，力争以较少的文字清楚地表达较多的内容。要使语言简明，重要的是训练作者的思维。只有思维清晰、深刻，才能抓住事物的本质和关键，用最简练的语言概括和表述。

③通俗。调研报告的语言应力求朴实严肃、平易近人。通俗易懂才能发挥其应有的作用。但通俗、严肃并非平淡无味，作者要加强各方面的修养和语言文字表达的训练，提高驾驭语言文字的能力，最终才能写出语言生动、通俗易懂的高水平的调研报告。

（4）市场调研报告中数字的运用。较多地使用数字、图表是调研报告的主要特征。调研报告中的数字既要准确，又要讲求技巧，力求把数字用活，用得恰到好处。

①要防止数字文学化。数字文学化表现为在调研报告中到处都是数字。在大量使用数字时，要注意使用方式。一般我们应该使用图表来说明数字。

②运用比较法表达数字。这是基本的数字加工方法，可以纵向比较和横向比较，纵向比较可以反映事物自身的发展变化，横向比较可以反映事物间的差距，对比可形成强烈的反差，增强数字的鲜明性。

③运用化小法表达数字。有时数字太大，不易理解和记忆。如果把大数字换算成小数字则便于记忆。例如，把某厂年产电视机 518 400 台换算成每分钟生产一台效果要好，153 000 000 千米换算成 1.53 亿千米更容易记忆。

④运用推算法表达数字。有时个体数量较小，不易引起人们的重视，但由此推算出的整体数量却大得惊人。如对农民建房占用耕地情况调研发现 12 个村 3 年每户平均占用耕地 2 分 2 厘，而由此推算全县农村建房 3 年共占用耕地上万亩。

⑤运用形象法表达数字。这种方法并不使用事物本身的具体数字，而是用人们熟悉的数字表示代替，以增强生动感。例如，乐山大佛高 71 米，佛首长 14.7 米……换成形象法为佛像有 20 层楼高，耳朵有 4 个人高，每只脚背上可停放 5 辆解放牌卡车……相比较而言后者更生动便于记忆。

⑥使用的汉字与阿拉伯数字应统一。总的原则是可用阿拉伯数字的地方，均应使用阿拉伯数字。公历世纪、年代、年、月、日和时间应使用阿拉伯数字，星期几则一律用汉字，年份一般不用简写；计数与计量应使用阿拉伯数字，不具有统计意义的一位数可以使用汉字（如一个人、九本书等）；数字作为词素构成定型的词、词组、惯用语或具有修辞色彩的语句应当用汉字（如"十五"规划等）；邻近的两个数并列连用

表示概数时应当用汉字（如三五天，十之八九等）。

（5）撰写市场调研报告时注意的问题。一篇高质量的调研报告，除了符合调研报告一般的格式以及很强的逻辑性结构外，写作手法是多样的，但其中必须注意的问题有以下两点：

①市场调研报告不是流水账或数据的堆积。数据在于为理论分析提供客观依据，市场调研报告需要概括评价整个调研活动的过程，需要说明这些方案执行落实的情况，特别是实际完成的情况对于调研结果的影响，需要认真分析清楚。

②市场调研报告必须真实、准确。从事实出发，而不是从某人观点出发，先入为主地做出主观判断。调研前所设计的理论模型或先行的工作假设，都应毫不例外地接受调研资料的检验。凡是与事实不符的观点，都应该坚决舍弃，凡是暂时还拿不准的，应如实写明，或放在附录中加以讨论。

（四）市场调研报告的沟通

市场调研报告的沟通是指市场调研人员同委托者、使用者以及其他人员之间就市场调研结果的一种信息交换活动。其意义在于市场调研报告的沟通是调研结果实际应用的前提条件，有利于委托者及使用者更好地接受有关信息，做出正确的营销决策，发挥调研结果的效用，有利于市场调研结果的进一步完善。市场调研报告的呈递方式（沟通方式）主要有两类，书面呈交方式（主要以调研报告形式）和口头汇报的方式。

相对而言，口头报告是一种直接沟通方式，它更能突出强调市场调研的结论，使相关人员对市场调研的主题意义、论证过程有一个清晰的认识。口头报告的优点有三：一是时间短、见效快，节省决策者的时间与精力；二是听取者对报告的印象深刻；三是口头汇报后可以直接进行沟通和交流，提出疑问，并做出解答等。事实上，对于一项重要的市场调研报告，口头报告是唯一的一种交流途径。口头报告可以帮助调研组织者达到多重的目的。口头报告需要注意以下几个方面：

1. 汇报提要

为每位听众提供一份关于汇报流程和主要结论的汇报提要。提要应留出足够的空白，以利于听众做临时记录或评述。

2. 视觉辅助

使用手提电脑、投影设备、PowerPoint等演示软件，制作演示稿，内容包括摘要、调查方案、调查结果和建议的概要性内容。

3. 调研报告的复印件

报告是调研结果的一种实物凭证，鉴于调研者在介绍中省略了报告中的许多细节，为委托者及感兴趣者准备报告复印件，在听取介绍前就能思考所要提出的问题，就感兴趣的环节仔细阅读等。

4. 强调介绍的技巧

（1）注意对介绍现场的选择、布置。

（2）语言要生动，注意语调、语速等。

（3）注意表情和形体语言的使用。

模块 C　营销技能实训

实训项目 1：方案策划训练——拟订调查方案

1. 实训目标

（1）通过方案策划学会进行市场营销调查方案设计；

（2）通过方案策划学会市场营销调查的全面计划。

2. 实训情景设置

（1）按模拟企业分组进行；

（2）每个企业模拟不同市场情况进行策划。

3. 实训内容

以所在大学的学生为调查对象，就大学生网络购物、手机使用、某种日用消费品购买等消费情况，选择一种具体的消费情况进行调查方案设计。调查方案设计要求格式完备、内容完整。

4. 实训过程与步骤

（1）每个企业受领实训任务；

（2）强调设计调查方案的方法与要领；

（3）必要的理论引导和疑难解答；

（4）实时的现场控制；

（5）任务完成时的实训绩效评价。

5. 实训绩效

<u>　　　　　</u>**实训报告**
第<u>　　　　</u>次市场营销实训
实训项目：_____
实训名称：_____
实训导师姓名：_____；职称（位）：_____；单位：校内□ 校外□
实训学生姓名：_____；专业：_____；班级：_____
实训学期：_____；实训时间：_____；实训地点：_____
实训测评：

评价项目	教师评价	得分	学生自评	得分
任务理解（20分）				
情景设置（20分）				
操作步骤（20分）				
任务完成（20分）				
训练总结（20分）				

教师评价得分：_____　学生自评得分：_____　综合评价得分：_____
实训总结：
　获得的经验：_____
　_____
　存在的问题：_____
　_____
　提出的建议：_____

实训项目2：方案策划训练——设计调查问卷

1. 实训目标

（1）通过方案策划学会设计市场营销调查问卷；

（2）通过方案策划学会市场营销调查问卷综合评估。

2. 实训情景设置

（1）按模拟企业分组进行；

（2）每个企业模拟不同市场情景进行策划。

3. 实训内容

以所在大学的学生为调查对象，就大学生网络购物、手机使用、某种日用消费品购买等消费情况，选择一种具体的消费情况在拟订好调查方案后，设计一份可操作、完整的调查问卷。不同性质、不同企业、不同要求的市场营销调查问卷在格式和内容上会有些差别。调查问卷设计要求格式完备、内容完整。

4. 实训过程与步骤

（1）每个企业受领实训任务；

（2）强调设计市场营销调查问卷的方法与要领；

（3）必要的理论引导和疑难解答；

（4）实时的现场控制；

（5）任务完成时的实训绩效评价。

5. 实训绩效

_____实训报告
第_____次市场营销实训

实训项目：_____

实训名称：_____

实训导师姓名：_____；职称（位）：_____；单位：校内□ 校外□

实训学生姓名：_____；专业：_____；班级：_____

实训学期：_____；实训时间：_____；实训地点：_____

实训测评：

评价项目	教师评价	得分	学生自评	得分
任务理解（20分）				
情景设置（20分）				
操作步骤（20分）				
任务完成（20分）				
训练总结（20分）				

教师评价得分：_____ 学生自评得分：_____ 综合评价得分：_____

实训总结：

获得的经验：_____

存在的问题：_____

提出的建议：_____

实训项目3：方案策划训练——撰写调查报告

1. 实训目标

（1）通过方案策划学会实施调查活动；

（2）通过方案策划学会撰写标准的调查报告。

2. 实训情景设置

（1）按模拟企业分组进行；

（2）每个企业模拟不同消费市场的情景进行策划。

3. 实训内容

以所在大学的学生为调查对象，就大学生网络购物、手机使用、某种日用消费品购买等消费情况，选择一种具体的消费情况在完成拟订调查方案、设计调查问卷、并组织实施实际调查活动的基础上，最后根据调查分析结果撰写简要的市场营销调查报告。撰写的市场营销调查报告要求格式规范、内容完整。

4. 实训过程与步骤
(1) 每个企业受领实训任务；
(2) 强调撰写市场营销调查报告的方法与要领；
(3) 必要的理论引导和疑难解答；
(4) 实时的现场控制；
(5) 任务完成时的实训绩效评价。
5. 实训绩效

_____实训报告
第_____次市场营销实训

实训项目：_____
实训名称：_____
实训导师姓名：_____；职称（位）：_____；单位：校内□ 校外□
实训学生姓名：_____；专业：_____；班级：_____
实训学期：_____；实训时间：_____；实训地点：_____
实训测评：

评价项目	教师评价	得分	学生自评	得分
任务理解（20分）				
情景设置（20分）				
操作步骤（20分）				
任务完成（20分）				
训练总结（20分）				

教师评价得分：_____ 学生自评得分：_____ 综合评价得分：_____
实训总结：
获得的经验：_____

存在的问题：_____

提出的建议：_____

第五章 市场营销战略实训

实训目标：

（1）深入理解和应用市场细分战略。
（2）深入理解和应用目标市场战略。
（3）深入理解和应用市场定位战略。
（4）深入理解和应用市场营销组合战略。

模块 A　引入案例

从"4P"到"4C"：解读华为营销基因

华为营销在传统营销与现代营销潮流之间，在古代谋略与现代商业策略之间，表现出了强大而异常灵活的兼容性和适应性。当任正非讲起西方文艺复兴对人的思想解放，又能以一篇《我的父亲母亲》这样至情至性的美文通过反省方式呼唤中华民族传统美德时，无论是任正非还是华为，其贡献已经成为中国所有企业人共享的优秀成果。

产品（Product）和顾客（Consumer）

即使在市场上被华为等中国后起公司逼得很苦，北电网络的首席执行官欧文斯仍然自信地表示，相对于华为，"我们的王牌是创新和创造力"。多年来一直以模仿策略跟进跨国公司产品和技术的华为，即使对欧文斯的话未必服气，但眼下仍得接受现实。

尽管如此，华为的聪明不在于一定要与跨国公司拼技术研发投入、拼人员素质、拼技术先进性或"抢当标准"。任正非考虑问题的前提是"一天天活下去"，所以他强调华为的技术研发可以进入市场化链条的工程技术，而不是参赛、参评的学术技术。他明确表示："华为没有院士，只有院土。要想成为院士，就不要来华为。"应该说，华为在技术研发方面拉开了一个"欲与天公试比高"的浪漫架势，但是其实际取向又是典型的"黑猫白猫"论。正因为这样，华为在研发顾客需要的技术方面，做得既专注，又快速。

在应用技术的层面上，华为的技术储备不输于跨国公司。华为真正做成的第一单国际业务，是帮助中国香港和记电信开发号码携带业务。李嘉诚的和记当时只是一个挑战者角色，香港电信才是香港固定电话网运营的老大，而为香港电信做设备提供商的是大名鼎鼎的西门子和朗讯。因此，李嘉诚特别希望有一些特别技术手段，直接跳出追随者亦步亦趋的轨道而抢先，恰巧华为的号码拦截技术在当时国内电信市场上已相当成熟。如此机缘巧合，华为迅速帮助和记凭借差异化优势上位。而与和记的合作，也使华为接受了进入国际化"马槽"后的首次洗礼。"只有客户苛刻了,你才能成长。"一位咨询专家如此评价。

在华为拿下的泰国移动运营商 AIS 智能网建设项目中,同样体现了华为人对应用技术的热心和敏锐。为了展示泰国旅游业的特色,华为甚至很快帮助 AIS 开通了在手机上进行"小额投注"的博彩业务,5 个月内,AIS 便收回了投资。

产品不一定性能最优,但一定适用;技术不一定最先进、最前沿,但一定可以满足客户急需,并且帮助其获取想要的效率和利润。对于竞争对手来说更可怕的是,华为的优势不仅仅是报价较低,其所提供设备的范围之广也令人吃惊。如尽管被质疑在专业上不够自信和摇摆,但华为在码分多址(CDMA)技术的三种制式上表现出了"一个也不能少"的野心。

价格(Price)和成本(Cost)

有消息说华为在美国媒介的广告语是"唯一不同的就是价格",这是有所指向的。波士顿咨询公司在最新研究报告《把握全球优势》中明确提出,未来 10 年中国企业成本优势将继续加大。该报告推测 2009 年中国小时工资大约为 1.3 美元,美国为 25.3 美元,德国为 34.5 美元。而目前中国工人与欧美工人小时工资差距在 14~29 美元。也就是说,即使华为技术在与跨国公司的较量中仍处下风,但是产品成本的天然优势将消解彼此的实力差距。在电信产品日趋大众消费化的前提下,价格因素可能比品牌因素更能牵动运营商选择产品的神经。

关键问题还在于成长的华为已经有了更多想法,已不甘于仅被看成一个能大批量、低成本提供电信设备的供应商。据华为内部人士介绍,竞标阿联酋项目时,华为出价比最低出价者高出一倍。美国著名电信研究机构(RHK)提供数据显示,截至当年第二季度,华为从全球光学网络设备市场获得的收入已经超过朗讯和北电,仅次于行业龙头阿尔卡特。国际咨询公司(Dittberner)的报告披露华为在下一代网络(NGN)的全球出货量已位居榜首。

毋庸置疑,华为的胃口已不满足于低价格产品的利润,而是直取品牌形成后的溢价利润。这对西方劲敌而言,肯定不是好消息。目前,华为在市场上建立的口碑来自它对客户需求的快速响应和定制化开发能力。

在为客户降低成本方面,华为在创业早期就已经做得相当成功。出于当时客户对"高科技"产品的普遍陌生和不自信,即使在小小的县级城市,华为也会驻扎二三十名服务人员,只要客户一声召唤,无论大事还是针头线脑的小事,立马就可以上门服务。到今天,华为非凡的服务能力和诚恳态度仍是赢得客户信赖的重要砝码。比如在阿尔及利亚地震时,西门子的业务人员选择了撤离,华为人则选择了坚守。这种"共患难"式的坚守,理所当然地为华为赢得了商业机会。相反,如果在客户最需要你的时候,你却不在身边,这必然让客户心存对"交易"概念的警惕。

渠道(Place)和便利性(Convenience)

华为的渠道大致分为两种。第一种是卖货渠道,如在一些目标市场设立办事处,直接销售产品。据华为内部人士介绍,华为人足迹所到之处,几乎都有自己的派出机构。这些机构承担的职能,既有业务开发、提供技术保障,又有市场研究。现在华为又逐步采用分销和代理销售方式，以降低海外员工的管理成本。第二种渠道是走合资道路，借船出海。如与美国设备供应商3Com合资，在中国和日本市场，以华为品牌输出产品；而在中日之外的市场上，则通过3Com品牌及渠道销售产品。

由于产品线的快速延伸，华为在各个产品战场上的对手越来越多，也越来越强。在无线通信领域，对手就有诺基亚、西门子、摩托罗拉等；在数据通信领域，华为已被全球老大思科列为头号竞争对手；而在光传输方面，也有朗讯、北电网络、西门子等列强。华为这种在高品质形成品牌力之后的产品延伸路径，对降低客户交易成本的作用是显而易见的。当然，一旦某类产品出了纰漏，就有可能殃及全线产品。

华为显然意识到了化解产品线延伸所带来的风险的必要性。只要有可能，华为在各个主要产品领域都展开了对外合作。事实上，华为先后与松下、摩托罗拉、西门子等公司的合作，每一次都是化敌为友的招数。而华为又非常善于学习，通过与客户的合作，在服务客户的过程中得以长足进步。与和记是一例，接受英国电信的"体检"是另一例。为此，华为的新闻发言人傅军不承认华为"封闭"或"不透明"："华为在媒体和公众面前低调，但是在客户、合作伙伴面前华为是很透明的。比如说爱默生（Emerson）以7.5亿美元收购了华为的一个科技子公司，前提就是华为很透明。"

因此，如果说华为的海外办事处是一种直接的卖货渠道，目标指向"谋近利"，合资则是品牌构建渠道，目标是"图远名"。正如一个咨询专家所说，走出去的中国企业"与狼共舞"不那么容易，因为前提是"狼同意与你共舞"。

现在，华为的投资手段也日益为人称道。2003年，华为与中国香港第五大电信运营商（SUNDAY）进行的以投资换订单的合同，就为国内市场迟迟不见动静的3G销售开辟了一条生路。而2003年中国电信海外上市时，华为持有其7.4亿股，实现了与客户的紧密捆绑，使得利益同盟关系更加牢靠。

促销（Promotion）和沟通（Communication）

华为的促销手段当然包括打广告。在国内只有少数几家行业媒体有幸品尝华为的广告蛋糕。而在国际市场，华为一直雇有一家英国的老牌广告公司，指导其发布策略广告。与媒介保持恰当的沟通也是促销手段之一。傅军说："我们对媒介低调是指我们几乎从不主动邀请媒介采访，但是对于媒介的主动采访要求，我们一定会给予很好的配合。"据傅军介绍，国外的《金融时报》《华尔街日报》《财富》《福布斯》等都来华为采访过。而当法国第二大电信运营商选择了华为的产品后，法国媒体也好奇地赶来了。

当然，积极参展、比对手叫价更低也是促销的重要手段，而印制中国名山大川及各大城市建设成就摄影集，开辟香港—北京—上海—深圳的"东方丝绸之路"，请来全球客户和潜在客户亲身体验中国，改变他们头脑中固有的长袍马褂时代的中国形象，以外围合龙方式，向客户沟通、传递"现代中国产生高科技华为是一个必然"的信息。华为最擅长、最厉害的营销手段是感动客户的能力："只要你给我机会，就不怕你不被我感动。"

必须承认，为了表现这种"感动客户"的功夫，华为人的人性磨炼无疑是魔鬼式的。远离亲人，生活寂寞，面临巨大文化鸿沟，欧美客户的傲慢和怀疑肯定让人难堪。在2002年埃及空难中大难不死的华为员工吕晓峰，2003年来到阿尔及利亚后又碰上了地震。此外，无论是撒哈拉沙漠的高温天气还是俄罗斯大地的极度严寒，无论是阿尔及利亚频繁的恐怖活动还是伊拉克战争，随时都有可能给华为驻外员工带来生命危险。一位驻外员工曾在《华为人报》上发表感想："这里没有任何中国食品，一瓶'老干妈'能使我们有一种过年的感觉。"

"用'热脸蛋贴个冷屁股'形容我们最初开拓海外市场时的情景毫不过分。华为人的成就感来自一直贴、一直贴，直到把人家的冷屁股捂热。"一位现已离开华为的高层干部为华为海外事业的快速增长感慨不已。

当然，华为未来发展的纵深度不取决于华为的单干，而是中国高科技企业何时形成集群的问题。像日本和韩国走过的路子一样，先由集群企业提高产品的技术含量，然后改变产业的命运，最后提升整个国家品牌。他们真诚的声音：所有的中国企业，都能在国际化道路上迅速成长。

（资料来源：http://www.emkt.com.cn/article/183/18362.html）

案例思考：

（1）企业在开拓市场时有哪些营销组合可以选择？
（2）4P营销组合的内涵是什么？
（3）4C营销组合的内涵是什么？
（4）4P营销组合和4C营销组合的异同是什么？

模块B 基础理论概要

一、市场营销战略的内涵

市场营销战略（Marketing Strategy）是指企业在现代市场营销观念下，为实现其经营目标，对一定时期内市场营销发展的总体设想和规划。

市场营销战略是企业用以达到目标的基本方法，包括STP营销战略（细分市场、目标市场、营销定位）和营销组合战略、营销费用预算等内容。

市场营销战略的基本要素包括企业使命，即战略管理者所确定生产经营的总目标和方向；企业哲学，即企业经营活动的所形成的价值观、态度和行为准则；资源配置，即企业过去及资源和技能组合的水平和模式；竞争优势，即企业所拥有的独特竞争优势，通过企业活动所创造的价值与成本两个指标来衡量。

二、市场细分

（一）市场细分的概念

1956年，美国营销学者温德尔·斯密（Wendell R. Smith）提出，市场细分是第二次世界大战结束后，美国众多产品市场由卖方市场转化为买方市场这一新的市场形式下企业营销思想和营销战略的新发展，更是企业贯彻以消费者为中心的现代市场营销观念的必然产物。

市场细分（Segmentation）又称市场分割，就是营销者通过市场调研，依据购买者在需求上的各种差异（如需要、欲望、购买习惯、购买行为等方面），把某一产品的市场整体划分为若干购买者群的市场分类过程。

（二）市场细分的理论依据

1. 顾客需求的差异性

顾客需求的差异性是指不同的顾客之间的需求是不一样的。在市场上，消费者总是希望根据自己的独特需求去购买产品，我们根据消费者需求的差异性可以把市场分为"同质性需求"和"异质性需求"两大类。

（1）同质性需求是指由于消费者的需求的差异性很小，甚至可以忽略不计，因此没有必要进行市场细分。

（2）异质性需求是指由于消费者所处的地理位置、社会环境不同，自身的心理和购买动机不同，造成他们对产品的价格、质量款式上需求的差异性。这种需求的差异性就是我们市场细分的基础。

2. 顾客需求的相似性

在同一地理条件、社会环境和文化背景下的人们形成有相对类似的人生观、价值观的亚文化群，他们的需求特点和消费习惯大致相同。正是因为消费需求在某些方面的相对同质，市场上绝对差异的消费者才能按一定标准聚合成不同的群体。因此，消费者的需求的绝对差异造成了市场细分的必要性，消费需求的相对同质性则使市场细分有了实现的可能性。

3. 企业有限的资源

现代企业由于受到自身实力的限制，不可能向市场提供能够满足一切需求的产品和服务。为了有效地进行竞争，企业必须进行市场细分，选择最有利可图的目标细分市场，集中企业的资源，制定有效的竞争策略，以取得和增加竞争优势。

（三）市场细分的标准

市场细分的标准如表 5-1 所示：

表 5-1　　　　　　　　　　　市场细分的标准

项目	因素
地理细分	国家、地区、省市等行政区，山区、平原、高原、湖区、沙漠等地形地貌，东部、西部、南方、北方等不同发展区域，城市规模、气候、交通、城乡、人口密度等地理位置与自然环境因素
人口细分	年龄，性别，家庭人口、家庭规模、家庭生命周期等家庭因素，收入，职业，教育程度，社会阶层，民族，宗教或种族，国籍等人口统计因素
心理细分	个性特点、社会阶层、生活方式、动机、价值取向、对商品或服务的感受或偏爱、对商品价格反应的灵敏程度以及对企业促销活动的反应等心理活动和心理特征
行为细分	时机、利益、使用者状况、品牌忠诚度、对产品的了解程度、态度、使用情况及反应等

三、目标市场

（一）目标市场的概念

企业在细分市场的基础上，根据自身资源优势，在细分市场中选择一个或几个分市场进入，在其中实施计划并获取利润的那部分特定的顾客群体就称为企业的目标市场（Targets）。

（二）目标市场选择策略

目标市场的选择策略，即关于企业为哪个或哪几个细分市场服务的决定。通常有五种模式供参考：

1. 市场集中化

企业选择一个细分市场，集中力量为之服务。较小的企业一般专门这样填补市场的某一部分。集中营销使企业深刻了解该细分市场的需求特点，采用针对的产品、价格、渠道和促销策略，从而获得强有力的市场地位和良好的声誉，同时隐含较大的经营风险。

2. 产品专门化

企业集中生产一种产品，并向所有顾客销售这种产品。例如，服装厂商向青年、中年和老年消费者销售高档服装，企业为不同的顾客提供不同种类的高档服装产品和服务，而不生产消费者需要的其他档次的服装。这样，企业在高档服装产品方面树立很高的声誉，但是一旦出现其他品牌的替代品或消费者流行的偏好转移，企业将面临巨大的威胁。

3. 市场专门化

企业专门服务于某一特定顾客群，尽力满足他们的各种需求。例如，企业专门为老年消费者提供各种档次的服装。企业专门为这个顾客群服务，能建立良好的声誉，但是一旦这个顾客群的需求潜量和特点发生突然变化，企业要承担较大风险。

4. 有选择的专门化

企业选择几个细分市场，每一个市场对企业的目标和资源利用都有一定的吸引力，但是各细分市场彼此之间很少或根本没有任何联系。这种策略能分散企业经营风险，即使其中某个细分市场失去了吸引力，企业还能在其他细分市场盈利。

5. 完全市场覆盖

企业力图用各种产品满足各种顾客群体的需求，即以所有的细分市场作为目标市场，如上例中的服装厂商为不同年龄层次的顾客提供各种档次的服装。一般只有实力强大的大企业才能采用这种策略。例如，国际商业机器公司（IBM）在计算机市场、可口可乐公司在饮料市场开发众多的产品，满足各种消费需求。

（三）目标市场营销策略

根据各个细分市场的独特性和公司自身的目标，共有三种目标市场策略可供选择。

1. 无差异市场营销

无差异市场营销是指公司只推出一种产品，或只用一套市场营销办法来招徕顾客。当公司断定各个细分市场之间差异很小时可考虑采用这种大量市场营销策略。

2. 密集性市场营销

密集性市场营销是指公司将一切市场营销努力集中于一个或少数几个有利的细分市场。

3. 差异性市场营销

差异性市场营销是指公司根据各个细分市场的特点，相应扩大某些产品的花色、式样和品种，或制订不同的营销计划和办法，以充分适应不同消费者的不同需求，吸引各种不同的购买者，从而扩大各种产品的销售量。

（四）影响企业目标市场策略选择的因素

影响企业目标市场策略的因素主要有企业资源、产品同质性、市场特点、产品所处的生命周期阶段和竞争对手的策略五类。

1. 产品特点

产品的同质性表明了产品在性能、特点等方面的差异性的大小，是企业选择目标市场时不可不考虑的因素之一。一般对于同质性高的产品如食盐等，宜施行无差异市场营销；对于同质性低或异质性产品，差异市场营销或集中市场营销是恰当选择。此外，产品因所处的生命周期的阶段不同，而表现出的不同特点亦不容忽视。产品处于导入期和成长初期，消费者刚刚接触新产品，对它的了解还停留在较浅的层次，竞争尚不激烈，企业这时的营销重点是挖掘市场对产品的基本需求，往往采用无差异市场营销策略。等产品进入成长后期和成熟期时，消费者已经熟悉产品的特性，需求向深层次发展，表现出多样性和不同的个性，竞争空前的激烈，企业应适时地转变策略为差异市场营销或集中市场营销。

2. 市场特点

供与求是市场中的两大基本力量，它们的变化趋势往往是决定市场发展方向的根本原因。供不应求时，企业重在扩大供给，无暇考虑需求差异，所以采用无差异市场营销策略；供过于求时，企业为刺激需求、扩大市场份额殚精竭虑，多采用差异市场营销或集中市场营销策略。从市场需求的角度来看，如果消费者对某产品的需求偏好、购买行为相似，则称之为同质市场，可采用无差异市场营销策略；反之，为异质市场，差异市场营销和集中市场营销策略更合适。

3. 周期阶段

对于在处在介绍期和成长期的新产品，营销重点是启发和巩固消费者的偏好，最好实行无差异市场营销或针对某一特定子市场实行集中性市场营销。当产品进入成熟期时，市场竞争激烈，消费者需求日益多样化，可改用差异性市场营销战略以开拓新市场，满足新需求，延长产品生命周期。

4. 竞争者的策略

企业可与竞争对手选择不同的目标市场覆盖策略。例如，竞争者采用无差异市场营销策略时，你选用差异市场营销策略或集中市场营销策略更容易发挥优势。企业的目标市场策略应慎重选择，一旦确定，应该有相对的稳定目标市场策略，不能朝令夕改。目标市场策略的灵活性也不容忽视，没有永恒正确的策略，一定要密切注意市场需求的变化和竞争动态。

四、市场定位

（一）市场定位的定义

定位（Positioning）就是对企业的产品和形象进行策划设计的行为，从而使其在目标顾客心目中占有一个独特的、有价值的位置的行动。

市场定位（Marketing Positioning）也称为营销定位，是市场营销工作者用以在目标市场（此处目标市场指该市场上的客户和潜在客户）的心目中塑造产品、品牌或组织的形象或个性（Identity）的营销技术。企业根据竞争者现有产品在市场上所处的位置，针对消费者或用户对该产品某种特征或属性的重视程度，强有力地塑造出本企业产品与众不同的、给人印象鲜明的个性或形象，并把这种形象生动地传递给顾客，从而使该产品在市场上确定适当的位置。简而言之，就是在客户心目中树立独特的形象。[①]

市场定位并不是你对一件产品本身做些什么，而是你在潜在消费者的心目中做些什么。市场定位的实质是使本企业与其他企业严格区分开来，使顾客明显感觉和认识到这种差别，从而在顾客心目中占有特殊的位置。市场定位的目的是使企业的产品和形象在目标顾客的心理上占据一个独特的、有价值的位置。

（二）市场定位的策略

1. 避强定位策略

这种策略是企业避免与强有力的竞争对手发生直接竞争，而将自己的产品定位于另一市场的区域内，使自己的产品在某些特征或属性方面与强势对手有明显的区别。这种策略可使自己迅速在市场上站稳脚跟，并在消费者心中树立起好的形象。由于这种做法风险较小，成功率较高，常为多数企业所采用。

2. 迎头定位策略

这种策略是企业根据自身的实力，为占据较佳的市场位置，不惜与市场上占支配地位、实力最强或较强的竞争对手发生正面竞争，从而使自己的产品进入与对手相同的市场位置。由于竞争对手强大，这一竞争过程往往相当引人注目，企业及其产品能较快地为消费者了解，达到树立市场形象的目的。这种策略可能引发激烈的市场竞争，具有较大的风险。因此，企业必须知己知彼，了解市场容量，正确判定凭自己的资源和能力是不是能比竞争者做得更好，或者能不能平分秋色。

3. 重新定位策略

这种策略是企业对销路少、市场反应差的产品进行二次定位。初次定位后，如果由于顾客的需求偏好发生转移，市场对本企业产品的需求减少，或者由于新的竞争者

[①] 吴健安. 市场营销学［M］. 北京：高等教育出版社，2011：167.

进入市场，选择与本企业相近的市场位置，这时企业就需要对其产品进行重新定位。一般来说，重新定位是企业摆脱经营困境，寻求新的活力的有效途径。此外，企业如果发现新的产品市场范围，也可以进行重新定位。

（三）市场定位的原则

各个企业经营的产品不同，面对的顾客也不同，所处的竞争环境也不同，因而市场定位所依据的原则也不同。总的来讲，市场定位所依据的原则有以下四点：

1. 根据具体的产品特点定位

构成产品内在特色的许多因素都可以作为市场定位所依据的原则，如所含成分、材料、质量、价格等。"七喜"汽水的定位是"非可乐"，强调它是不含咖啡因的饮料，与可乐类饮料不同，"泰宁诺"止痛药的定位是"非阿司匹林的止痛药"，显示药物成分与以往的止痛药有本质的差异。一件仿皮皮衣与一件真正的水貂皮衣的市场定位自然不会一样，同样不锈钢餐具若与纯银餐具定位相同，也是难以令人置信的。

2. 根据特定的使用场合及用途定位

为老产品找到一种新用途，是为该产品创造新的市场定位的好方法。小苏打曾一度被广泛地用作家庭的除臭剂和烘焙配料，已有不少的新产品代替了小苏打的上述一些功能。而有的公司把小苏打定位为冰箱除臭剂，还有公司把小苏打当做了调味汁和肉卤的配料，更有一家公司发现小苏打可以作为冬季流行性感冒患者的饮料。我国曾有一家生产"曲奇饼干"的厂家最初将其产品定位为家庭休闲食品，后来又发现不少顾客购买是为了馈赠，又将之定位为礼品。

3. 根据顾客得到的利益定位

产品提供给顾客的利益是顾客最能切实体验到的，也可以用作定位的依据。1975年，美国米勒（Miller）啤酒公司推出了一种低热量的"Lite 牌"啤酒，将其定位为饮酒者喝了不会发胖的啤酒，迎合了那些经常饮用啤酒而又担心发胖的人的需要。

4. 根据使用者类型定位

企业常常试图将其产品指向某一类特定的使用者，以便根据这些顾客的看法塑造恰当的形象。美国米勒啤酒公司曾将其原来唯一的品牌"高生牌"啤酒定位于"啤酒中的香槟"，吸引了许多不常饮用啤酒的高收入妇女。后来发现，占30%的狂饮者大约消费了啤酒销量的80%，于是该公司在广告中展示石油工人钻井成功后狂欢的镜头，还有年轻人在沙滩上开怀畅饮的镜头，塑造了一个"精力充沛的形象"。在广告中提出"有空就喝米勒"，从而成功占领啤酒狂饮者市场达10年之久。事实上，许多企业进行市场定位依据的原则往往不止一个，而是多个原则同时使用。因为要体现企业及其产品的形象，市场定位必须是多维度的、多侧面的。

（四）市场定位的常见方法

1. 区域定位

区域定位是指企业在进行营销策略时，应当为产品确立要进入的市场区域，即确定该产品是进入国际市场、全国市场，还是在某一市场、某一地区等。只有找准了自己的市场，才会使企业的营销计划获取成功。

2. 阶层定位

每个社会都包含有许多社会阶层，不同的阶层有不同的消费特点和消费需求，企业的产品究竟面向什么阶层，是企业在选择目标市场时应考虑的问题。根据不同的标准，可以对社会上的人进行不同的阶层划分，如按知识划分，就有高知阶层、中知阶层和低知阶层。进行阶层定位，就是要牢牢地把握住某一阶层的需求特点，从营销的各个层面上满足他们的需求。

3. 职业定位

职业定位是指企业在制定营销策略时要考虑将产品或劳务销售给什么职业的人。将饲料销售给农民及养殖户，将文具销售给学生，这是非常明显的，而真正能产生营销效益的往往是那些不明显的、不易被察觉的定位。在进行市场定位时要有一双善于发现的眼睛，及时发现竞争者的视觉盲点，这样可以在定位领域内获得巨大的收获。

4. 个性定位

个性定位是考虑把企业的产品如何销售给那些具有特殊个性的人。这时，选择一部分具有相同个性的人作为自己的定位目标，针对他们的爱好实施营销策略，可以取得最佳的营销效果。

5. 年龄定位

在制定营销策略时，企业还要考虑销售对象的年龄问题。不同年龄段的人，有自己不同的需求特点，只有充分考虑到这些特点，满足不同消费者要求，才能够赢得消费者。如对于婴儿用品，营销策略应针对母亲而制定，因为婴儿用品多是由母亲来实施购买的。

五、营销组合策略

（一）营销组合的定义

市场营销组合指的是企业在选定的目标市场上，综合考虑环境、能力、竞争状况对企业自身可以控制的因素，加以最佳组合和运用，以完成企业的目的与任务。市场营销组合是制定企业营销战略的基础，做好市场营销组合工作可以保证企业从整体上满足消费者的需求。市场营销组合是企业对付竞争者强有力的手段，是合理分配企业营销预算费用的依据。营销组合是企业市场营销战略的一个重要组成部分，是指将企业可控的基本营销措施组成一个整体性活动。

（二）4P 营销策略组合

20 世纪的 60 年代，美国学者麦卡锡教授提出了著名的 4P 营销组合策略，即产品（Product）、价格（Price）、渠道（Place）和促销（Promotion）。该理论认为一次成功和完整的市场营销活动，意味着以适当的产品、适当的价格、适当的渠道和适当的促销手段，将适当的产品和服务投放到特定市场的行为。4P 营销组合理论的主要内容如下：

产品（Product）：注重开发的功能，要求产品有独特的卖点，把产品的功能诉求放在第一位。

价格（Price）：根据不同的市场定位，制定不同的价格策略，产品的定价依据是企业的品牌战略，注重品牌的含金量。

渠道（Place）：企业并不直接面对消费者，而是注重经销商的培育和销售网络的建立，企业与消费者的联系是通过分销商来进行的。

促销（Promotion）：企业注重销售行为的改变来刺激消费者，以短期的行为（如让利、买一送一、营销现场气氛等）促成消费的增长，吸引其他品牌的消费者或使得提前消费来促进销售的增长。

（三）4C营销策略组合

4C营销组合策略于1990年由美国营销专家劳特朋教授提出。该理论以消费者需求为导向，重新设定了市场营销组合的四个基本要素，即消费者（Consumer）、成本（Cost）、便利（Convenience）和沟通（Communication）。该理论强调企业首先应该把追求顾客满意放在第一位，其次是努力降低顾客的购买成本，然后要充分注意到顾客购买过程中的便利性而不是从企业的角度来决定销售渠道策略，最后还应以消费者为中心实施有效的营销沟通。与产品导向的4P理论相比，4C理论有了很大的进步和发展，它重视顾客导向，以追求顾客满意为目标，这实际上是当今消费者在营销中越来越居主动地位的市场对企业的必然要求。4C营销组合理论的主要内容如下：

消费者（Customer）主要指顾客的需求。企业必须首先了解和研究顾客，根据顾客的需求来提供产品。同时，企业提供的不仅仅是产品和服务，更重要的是由此产生的客户价值（Customer Value）。

成本（Cost）不单是企业的生产成本，或者说4P营销组合理论中的价格（Price），它还包括顾客的购买成本，同时也意味着产品定价的理想情况，应该是既低于顾客的心理价格，又能够让企业有所盈利。此外，这中间的顾客购买成本不仅包括其货币支出，还包括其为此耗费的时间、体力和精力消耗，以及购买风险。

便利（Convenience），即所谓为顾客提供最大的购物和使用便利。4C营销组合理论强调企业在制定分销策略时，要更多地考虑顾客的方便，而不是企业自己方便。要通过好的售前、售中和售后服务来让顾客在购物的同时，也享受到了便利。便利是客户价值不可或缺的一部分。

沟通（Communication）则被用以取代4P中对应的促销（Promotion）。4C营销组合组织理论认为，企业应通过同顾客进行积极有效的双向沟通，建立基于共同利益的新型企业/顾客关系。这不再是企业单向的促销和劝导顾客，而是在双方的沟通中找到能同时实现各自目标的通途。

在4C营销组合理论的指导下，越来越多的企业更加关注市场和消费者，与顾客建立一种更为密切的、动态的关系。现在消费者考虑价格的前提就是自己"花多少钱买这个产品才值"。于是专门有人研究消费者的购物成本，以此来要求厂家定价，这种按照消费者的成本观来对厂商制定价格要求的做法就是对追求顾客满意的4C营销组合理论的实践。

（四）4R 营销策略组合

21 世纪伊始，艾略特·艾登伯格提出了 4R 营销组合理论。4R 营销组合理论以关系营销为核心，重在建立顾客忠诚。4R 营销组合理论强调企业与顾客在市场变化的动态中应建立长久互动的关系，以防止顾客流失，赢得长期而稳定的市场；面对迅速变化的顾客需求，企业应学会倾听顾客的意见，及时寻找、发现和挖掘顾客的渴望与不满及其可能发生的演变，同时建立快速反应机制以对市场变化快速作出反应；企业与顾客之间应建立长期而稳定的朋友关系，从实现销售转变为实现对顾客的责任与承诺，以维持顾客再次购买和顾客忠诚；企业应追求市场回报，并将市场回报当作企业进一步发展和保持与市场建立关系的动力与源泉。

4R 营销组合理论阐述了四个全新的营销组合要素，即关联（Relativity）、反应（Reaction）、关系（Relation）和回报（Retribution）。4R 营销组合理论的操作要点如下：

1. 关联（Relativity）：紧密联系顾客

企业必须通过某些有效的方式在业务、需求等方面与顾客建立关联，形成一种互助、互求、互需的关系，把顾客与企业联系在一起，减少顾客的流失，以此来提高顾客的忠诚度，赢得长期而稳定的市场。

2. 反应（Reaction）：提高对市场的反应速度

多数公司倾向于说给顾客听，却往往忽略了倾听的重要性。在相互渗透、相互影响的市场中，对企业来说最现实的问题不在于如何制订、实施计划和控制，而在于如何及时地倾听顾客的希望、渴望和需求，并及时做出反应来满足顾客的需求。这样才利于市场的发展。

3. 关系（Relation）：重视与顾客的互动关系

如今抢占市场的关键已转变为与顾客建立长期而稳固的关系，把交易转变成一种责任，建立起和顾客的互动关系。沟通是建立这种互动关系的重要手段。

4. 回报（Retribution）：回报是营销的源泉

由于营销目标必须注重产出，注重企业在营销活动中的回报，所以企业要满足客户需求，为客户提供价值，不能做无用的事情。一方面，回报是维持市场关系的必要条件；另一方面，追求回报是营销发展的动力，营销的最终价值在于其是否给企业带来短期或长期的收入能力。

（五）6P 营销策略组合

20 世纪 80 年代以来，世界经济走向滞缓发展，市场竞争日益激烈，政治和社会因素对市场营销的影响和制约越来越大。这就是说，一般营销组合策略不仅要受到企业本身资源及目标的影响，而且更受企业外部不可控因素的影响和制约。一般市场营销理论只看到外部环境对市场营销活动的影响和制约，而忽视了企业经营活动也可以影响外部环境。克服一般营销观念的局限，大市场营销策略应运而生。1986 年美国著名市场营销学家菲利浦·科特勒教授提出了大市场营销策略，在原 4P 营销组合理论的基础上增加权力（Power）和公共关系（Public Relations），形成 6P 营销组合理论。

科特勒给大市场营销下的定义是：为了成功地进入特定市场，在策略上必须协调地使用经济心理、政治和公共关系等手段，以取得外国或地方有关方面的合作和支持。此处所指特定的市场，主要是指壁垒森严的封闭型或保护型的市场。贸易保护主义的回潮和政府干预的加强，是国际、国内贸易中大市场营销存在的客观基础。要打入这样的特定市场，除了做出较多的让步外，还必须运用大市场营销策略即 6P 营销组合策略。大市场营销概念的要点在于当代营销者日益需要借助政治力量和公共关系技巧去排除产品通往目标市场的各种障碍，取得有关方面的支持与合作，实现企业营销目标。

大市场营销组合理论与常规的营销组合理论（4P 营销组合理论）相比，有两个明显的特点：第一，十分注重调和企业与外部各方面的关系，以排除来自人为的（主要是政治方面的）障碍，打通产品的市场通道。这就要求企业在分析满足目标顾客需要的同时，必须研究来自各方面的阻力，制定对策，这在相当程度上依赖于通过公共关系工作去完成。第二，打破了传统的关于环境因素之间的分界线，也就是突破了市场营销环境是不可控因素，重新认识市场营销环境及其作用，某些环境因素可以通过企业的各种活动施加影响或运用权力疏通关系来加以改变。

（六）11P 营销策略组合

1986 年 6 月，美国著名市场营销学家菲利浦·科特勒教授又提出了 11P 营销组合理论，即在 6P 营销组合理论之外加上探查、分割、优先、定位和人，并将产品、定价、渠道、促销称为"战术 4P"，将探查、分割、优先、定位称为"战略 4P"。该理论认为，企业在"战术 4P"和"战略 4P"的支撑下，运用"权力"和"公共关系"，可以排除通往目标市场的各种障碍。

11P 营销组合理论的主要内容如下：

产品（Product）：质量、功能、款式、品牌、包装。

价格（Price）：合适的定价，在产品不同的生命周期内制定相应的价格。

促销（Promotion）：尤其是好的广告。

分销（Place）：建立合适的销售渠道。

政府权力（Power）：依靠两个国家或地区政府之间的谈判，打开另外一个国家市场的大门，依靠政府人脉，打通各方面的关系。

公共关系（Public Relations）：利用新闻宣传媒体的力量，树立对企业有利的形象报道，消除或减缓对企业不利的形象报道。

探查（Probe）：探索，就是市场调研，通过调研了解市场对某种产品的需求状况如何，有什么更具体的要求。

分割（Partition）：市场细分的过程，按影响消费者需求的因素进行分割。

优先（Priorition）：选出目标市场。

定位（Position）：为自己生产的产品赋予一定的特色，在消费者心目中形成一定的印象，或者说就是确立产品竞争优势的过程。

员工（People）："只有发现需求，才能满足需求"，这个过程要靠员工实现，因此企业就想方设法调动员工的积极性。这里不单单指员工，也指顾客。顾客也是企业营销过程的一部分，如网上银行客户参与性就很强。

模块 C　营销技能实训

实训项目 1：方案策划训练——STP 策划方案

1. 实训目标
(1) 通过能力训练提升制定市场营销战略的能力；
(2) 通过能力训练提升市场细分的能力；
(3) 通过能力训练提升目标市场选择的能力；
(4) 通过能力训练提升市场定位的能力。

2. 实训情景设置
(1) 按模拟企业分组进行；
(2) 每个企业模拟不同的市场情况；
(3) 一个企业在模拟市场情况时，由其他企业模拟竞争者的反应。

3. 实训内容
HD 服饰有限责任公司 2013 年在我国几个区域市场中的销售情况如表 5-2 所示：

表 5-2　　　　　　　　HD 服饰有限责任公司 2013 年销售情况

细分市场	细分市场销售额	该企业销售额
华北市场	7298	206
中南市场	856	429
东北市场	5985	327
华东市场	19 465	1123
西南市场	4005	638
西北市场	3226	604

思考及策划：每个企业结合我国当前市场情况和服装行业情况，深入研究表格中的数据资料，为该服饰有限责任公司做一个进入最佳目标市场的 STP 策划方案。

（资料来源：王瑶. 市场营销基础实训与指导 [M]. 北京：中国经济出版社，2009）

4. 实训过程与步骤
(1) 每个企业受领实训任务；
(2) 必要的理论引导和疑难解答；
(3) 实时的现场控制；
(4) 任务完成时的实训绩效评价。

5. 实训绩效

_____实训报告
第_____次市场营销实训

实训项目：_____
实训名称：_____
实训导师姓名：_____；职称（位）：_____；单位：校内□ 校外□
实训学生姓名：_____；专业：_____；班级：_____
实训学期：_____；实训时间：_____；实训地点：_____
实训测评：

评价项目	教师评价	得分	学生自评	得分
任务理解（20分）				
情景设置（20分）				
操作步骤（20分）				
任务完成（20分）				
训练总结（20分）				

教师评价得分：_____ 学生自评得分：_____ 综合评价得分：_____
实训总结：
获得的经验：_____
_____
存在的问题：_____
_____
提出的建议：_____
_____

实训项目 2：能力拓展训练——产品与广告搭配

1. 实训目标

（1）通过能力训练提升市场细分的能力；

（2）通过能力训练提升目标市场选择的能力；

（3）通过能力训练提升市场定位的能力。

2. 实训情景设置

（1）按模拟企业分组进行；

（2）每个企业模拟不同的市场情况；

（3）一个企业在模拟市场情况时，由其他企业模拟竞争者的反应。

3. 实训内容

全班同学每人在粉色卡片上写一件某品牌产品名称，在红色卡片上写一个任意词汇、一句歌词、古诗词、对联或经典广告语。实训老师收回卡片后，将卡片按颜色分成两组。每个企业派出一位同学从老师手中抽取两种颜色卡片各 1 张，要求同学用红色卡片上的词汇、歌词、古诗词、对联或经典广告语与粉色卡片上的产品进行最佳联系，为粉色卡片上的产品设计一句广告词。按照课程安排时间和实训实际时间循环进行。要求具有创意性、关联性，并根据创意性、关联性对各个模拟企业最终表现进行成绩评定。

（资料来源：张卫东. 市场营销理论与实践［M］. 北京：电子工业出版社，2011）

4. 实训过程与步骤

（1）每个企业受领实训任务；
（2）必要的理论引导和疑难解答；
（3）实时的现场控制；
（4）任务完成时的实训绩效评价。

5. 实训绩效

_____实训报告
第_____次市场营销实训
实训项目：_____
实训名称：_____
实训导师姓名：_____；职称（位）：_____；单位：校内□校外□
实训学生姓名：_____；专业：_____；班级：_____
实训学期：_____；实训时间：_____；实训地点：_____
实训测评：

评价项目	教师评价	得分	学生自评	得分
任务理解（20分）				
情景设置（20分）				
操作步骤（20分）				
任务完成（20分）				
训练总结（20分）				

教师评价得分：_____ 学生自评得分：_____ 综合评价得分：_____
实训总结：
获得的经验：_____

存在的问题：_____

提出的建议：_____

实训项目3：情景模拟训练——电冰箱的市场定位

1. 实训目标

（1）通过能力训练提升市场细分的能力；
（2）通过能力训练提升目标市场选择的能力；

(3) 通过能力训练提升市场定位的能力；

(4) 通过能力训练提升发现市场营销机会的能力。

2. 实训情景设置

(1) 按模拟企业分组进行；

(2) 每个企业模拟不同的市场定位情况；

(3) 一个企业在模拟处理时，由其他企业模拟竞争者的反应。

3. 实训内容

YS 电冰箱制造商根据自身的产品规格（分别为 200 升、500 升、1000 升电冰箱三种）和主要消费者群体（假设为家庭消费者、托儿所、餐馆）进行市场细分（如图 5-1）之后，决定进入"家庭消费者用 200 升电冰箱市场"，即选择该子市场为其目标市场。图 5-2 产品定位图中 A、B、C、D 四个圆圈代表目标市场上四个竞争者，圆圈面积大小表示四个竞争者销售额大小。竞争者 A 生产销售高质量高价格的 200 升电冰箱，竞争者 B 生产销售中等质量中等价格的 200 升电冰箱，竞争者 C 生产销售中低质量低价格的 200 升电冰箱，竞争者 D 生产销售低质量高价格的 200 升电冰箱。各模拟企业在充分研究市场背景资料基础上，确定 YS 公司电冰箱市场定位。并说明选择该市场定位的依据、优势和劣势。

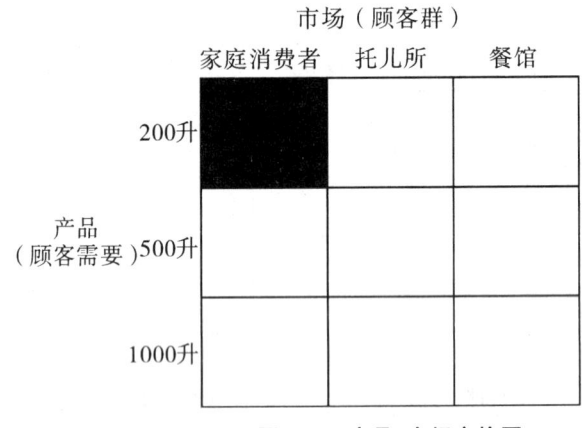

图 5-1 产品/市场方格图

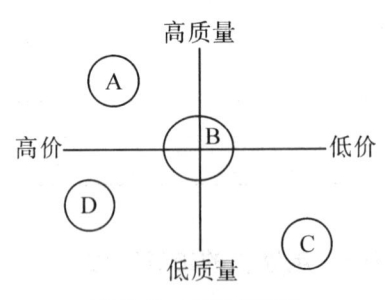

图 5-2 产品定位图

（资料来源：王瑶. 市场营销基础实训与指导［M］. 北京：中国经济出版社，2009）

4. 实训过程与步骤

（1）每个企业受领实训任务；

（2）必要的理论引导和疑难解答；

（3）实时的现场控制；

（4）任务完成时的实训绩效评价。

5. 实训绩效

_____实训报告
第_____次市场营销实训

实训项目：_____

实训名称：_____

实训导师姓名：_____；职称（位）：_____；单位：校内□ 校外□

实训学生姓名：_____；专业：_____；班级：_____

实训学期：_____；实训时间：_____；实训地点：_____

实训测评：

评价项目	教师评价	得分	学生自评	得分
任务理解（20分）				
情景设置（20分）				
操作步骤（20分）				
任务完成（20分）				
训练总结（20分）				

教师评价得分：_____ 学生自评得分：_____ 综合评价得分：_____

实训总结：

获得的经验：_____

存在的问题：_____

提出的建议：_____

第六章　产品策略实训

实训目标：

（1）深入理解和应用产品的内涵。
（2）深入理解和应用产品组合及其决策。
（3）深入理解和应用产品生命周期及其决策。
（4）深入理解和应用新产品及其开发策略。

模块 A　引入案例

华龙方便面的产品组合

2003年，在中国大陆市场上，位于河北邢台市隆尧县的华龙集团以超过60亿包的方便面产销量排在方便面行业第二位，仅次于"康师傅"，与"康师傅""统一"形成了三足鼎立的市场格局，"华龙"也真正地由一个地方便面品牌转变为全国性品牌。

作为一个地方性品牌，华龙方便面为什么能够在"康师傅"和"统一"这两个巨头面前取得全国产销量第二的成绩，从而成为中国国内方便面行业又一股强大的势力呢？

从市场角度而言，华龙方便面的成功与它的市场定位、通路策略、产品策略、品牌战略、广告策略等都不无关系，而其中产品策略中的产品市场定位和产品组合的作用更是居功至伟。下面我们就来分析华龙方便面是如何运用产品组合策略的。

一、发展初期的产品市场定位：针对农村市场的高中低端产品组合

在20世纪90年代初期，大的方便面厂家将其目标市场大多定位于中国的城市市场，如"康师傅"和"统一"的销售主要依靠城市市场的消费来实现。而广大农村市场则仅仅属于一些质量不稳定、无品牌可言的地方小型方便面生产厂家，并且销量极小，但中国农村方便面市场仍然蕴藏巨大的市场潜力。

1994年，华龙方便面在创业之初便把产品准确定位在8亿农民和3亿工薪阶层消费群上。同时，华龙方便面依托当地优质的小麦和廉价的劳动力资源，将一袋方便面的零售价定在0.6元以下，比一般名牌方便面低0.8元左右，售价低廉。

2000年以前，"华龙"主推的低档面有"108""甲一麦""华龙小仔"；中档面有"小康家庭""大众三代"；高档面有"红红红""煮着吃"。

凭借此正确的目标市场定位策略，华龙方便面很快便在北方广大的农村打开了

市场。

2002年，从销量上看，华龙方便面地市级以上经销商（含地市级）销售量只占总销售量的27%，县城乡镇占73%，农村市场支撑了华龙方便面的发展。

二、发展中期的区域产品策略：针对不同区域市场高中低端产品组合

作为一个后起挑战者，华龙方便面推行区域营销策略。它创建了一条研究区域市场、了解区域文化、推行区域营销、运作区域品牌、创作区域广告的思路，在当地市场不断获得消费者的青睐。从2001年开始推行区域品牌战略，针对不同地域消费者推出不同口味和不同品牌的系列新品（见表6-1）。

表6-1　　　　　　　　华龙针对不同市场采取的区域产品策略

地域	主推产品	广告诉求	系列	规格	价位	定位
河南	六丁目	演绎不跪（不贵）	六丁目 六丁目108 六丁目120 超级六T目	分为红烧牛肉、辣牛肉等14种规格	低价位	目前市场上最低价位、最实惠的产品
山东	金华龙	山东人都认同"实在"的价值观	金华龙 金华龙108 金华龙120	分为红烧牛肉、麻辣牛肉等12种规格	低价位 中价位 高价位	低档面 中档面 高档面
东北	东三福	核心诉求是"咱东北人的福面"	东三福 东三福120 东三福130	红烧牛肉等6种口味、5种规格	高价位 中价位 低价位	高档面 中档面 低档面
东北	可劲造	大家都来可劲造，你说香不香	可劲造	红烧牛肉等3种口味、3种规格	高价位	继东三福130之后的又一高档面
全国	今麦郎	有弹性的方便面，向"康师傅"、"统一"等强势品牌挑战，分割高端市场	煮弹面 泡弹面 碗面 桶面	红烧牛肉等4种口味、16种规格	高价位	高档面系列、以城乡消费为主

另外，华龙方便面还有如下系列产品：定位在小康家庭的最高档产品"小康130"系列；面饼为圆形的"以圆面"系列；适合少年儿童的干脆面系列；为感谢消费者推出的"甲一麦"系列；为尊重少数民族推出的"清真"系列；回报农民兄弟的"农家兄弟"系列；适合中老午人的"煮着吃"系列，以上系列产品都有3种以上的口味和6种以上的规格。

三、华龙方便面产品组合策略分析

方便面是华龙方便面的主要产品线，华龙方便面拥有方便面、调味品、饼业、面粉、彩页、纸品六大产品线，也就是其产品组合的长度为6。

华龙方便面的产品组合非常丰富，其产品线的长度、深度和密度都达到了比较合理的水平，共有17种产品系列，十几种产品口味，上百种产品规格。其合理的产品组合，使企业充分利用了现有资源，发掘现有生产潜力，更广泛地满足了市场的各种需求，占有了更广的市场面。华龙方便面丰富的产品组合有力地推动了其产品的销售，有力地促进了"华龙"成为方便面行业第二的地位的形成。

华龙方便面在产品组合上的成功经验如下：

（一）阶段产品策略

根据企业不同的发展阶段，适时地推出适合市场的产品。

（1）在发展初期将目标市场定位于河北省及周边几个省的农村市场。由于农村市场本身受经济发展水平的制约，不可能接受高价位的产品，华龙集团非常清楚这一点，一开始就推出适合农村市场的"大众面"系列，该系列产品由于其超低的价位，一下子打开了进入农村市场的门槛，随后"大众面"系列红遍大江南北，抢占了大部分低端市场。

（2）在企业发展几年后，华龙集团积聚了更多的资本和市场经验，又推出了面向全国其他市场的中高档系列，如中档的"小康家庭""大众三代"，高档的"红红红"等。华龙方便面由此打开了广大北方农村市场。1999年，华龙方便面产值达到9亿元人民币。这是华龙集团根据市场发展需要和企业自身状况而推出的又一阶段性产品策略，同样取得了成功。

（3）从2000年开始，华龙方便面的发展更为迅速，它也开始逐渐丰富自己的产品系列，面向全国不同市场又开发出了十几个产品品种，几十种产品规格。2001年，华龙方便面的销售额猛增到19亿元。这个时候，华龙方便面主要抢占的仍然是中低档面市场。

（4）2002年起，华龙方便面开始走高档面路线，开发出第一个高档面品牌——"今麦郎"。华龙方便面开始大力开发城市市场中的中高价位市场，此举在如北京、上海等大城市大获成功。

（二）区域产品策略

华龙集团从2001年开始推行区域品牌战略，针对不同地域的消费者推出不同口味和不同品牌的系列新品。

（1）华龙集团产品和品牌战略：不同区域推广不同产品；少做全国品牌，多做区域品牌。

（2）作为一个后起挑战者，华龙方便面在开始时选择了中低端大众市场，考虑到中国市场营销环境差异性很大，地域不同，则市场不同、文化不同、价值观不同、生活形态也大不相同。因此，华龙集团最大限度地挖掘区域市场，制定区域产品策略，因地制宜，各个击破，最大程度分割当地市场。例如，针对河南省开发出"六丁目"，针对东北三省开发出"东三福"，针对山东省开发出"金华龙"等，与此同时还创作出区域广告诉求（见表6-1）。

（3）华龙集团推行区域产品策略。这实际上创建了一条研究区域市场、了解区域文化、推行区域营销、运作区域品牌、创作区域广告的思路。

(4) 之后华龙集团又开始推行区域品牌战略,针对不同地域的消费者推出不同口味和不同品牌的系列新品。例如,针对回族的"清真"系列、针对东北三省的"可劲造"系列等产品。

(三) 市场细分的产品策略

市场细分是企业常用的一种市场方法。通过市场细分,企业可确定顾客群对产品差异或对市场营销组合变量的不同反应,其最终目的是确定为企业提供最大潜在利润的消费群体,从而推出相应的产品。华龙集团就是进行市场细分的高手,并且取得了巨大成功。

(1) 华龙集团根据行政区划推出不同产品,如在河南省推出"六丁目",在山东省推出"金华龙",在东北三省推出"可劲造"。

(2) 华龙集团根据地理属性推出不同档次的产品,如在城市和农村推出的产品有别。

(3) 华龙集团根据经济发达程度推出不同产品,如在经济发达的北京等地推广目前最高档的"今麦郎"桶面、碗面。

(4) 根据年龄因素推出适合少年儿童的干脆面系列;适合中老年人的"煮着吃"系列。

(5) 为感谢消费者推出"甲一麦"系列;为回报农民推出"农家兄弟"系列。

华龙集团十分注重市场细分,且不仅是依靠一种模式。华龙集团尝试各种不同的细分变量或变量组合,找到了同对手竞争、扩大消费群体、促进销售的新渠道。

(四) 高中低的产品组合策略

从图 6-1 中可以看出,华龙方便面的产品组合是一个高中低端相结合的产品组合形式,而低档面仍占据着其市场销量的大部分份额。

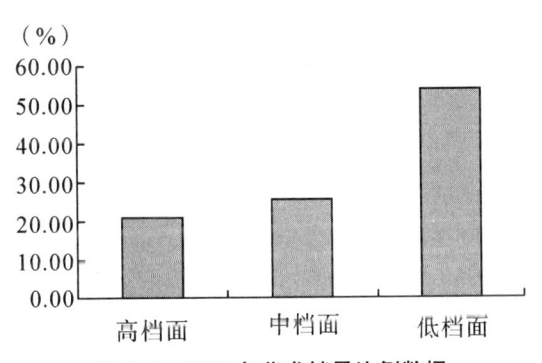

图 6-1 2002 年华龙销量比例数据

(1) 全国市场整体上的高中低档产品组合策略。既有低档大众系列,又有中档"甲一麦",也有高档"今麦郎"。

(2) 不同区域高中低档产品策略。例如,在方便面竞争非常激烈的河南市场一直主推超低价位的"六丁目"系列。"六丁目"主打口号就是"不跪(贵)"。这是华龙集团为了和河南市场众多方便面竞争而开发出的一种产品,零售价只有 0.4 元/包(给经销商 0.24 元/包)。同时华龙集团将工厂设在河南许昌,让河南很多方便面品牌的日子非常难过。在全国其他市场，如在东北三省继"东三福"之后投放中档"可劲造"系列，在大城市投放"今麦郎"系列。

（3）同一区域高中低档面组合，开发不同消费层次市场。例如，在东北、山东等地都推出高中低三个不同档次、三种不同价位产品，以满足不同消费者对产品的需要。

（五）创新产品策略

每一个产品都有其生命发展的周期。华龙集团是一个新产品开发的专家，它十分注意开发新的产品和发展新的产品系列，从而来满足市场不断变化发展的需要。

（1）华龙集团在产品规格和口味上不断进行创新。从50克一直到130克，华龙集团在10年时间里总共开发了几十种产品规格，如翡翠鲜虾、香辣牛肉、烤肉味道等十余种新型口味。

（2）在产品形状和包装上大胆创新。例如，推出面饼圆形的"以圆面"系列；"弹得好，弹得妙，弹得味道呱呱叫"弹面系列；封面上体现新潮、时尚、酷的"A小孩"系列等。

（3）产品概念上的创新。例如，华龙创造出适合中老年人的"煮着吃"的概念，煮着吃就是非油炸方便面，只能煮着吃，非常适合中老年人的需要。

（六）产品延伸策略

（1）产品延伸策略是华龙集团重要的产品策略。每个系列产品都有跟进"后代"产品。例如，在推出"六丁目"之后，又推出"六丁目108""六丁目120""超级六丁目"、在推出"金华龙"之后，又推出"金华龙108""金华龙120"；在推出"东三福"之后，又推出"东三福120""东三福130"。

（2）不仅有产品本身的延伸，而且在同一市场也注意对产品品牌进行的延伸。在东北三省推出"东三福"系列之后，又推出"可劲造"系列。

总之，华龙方便面的产品组合策略是比较成功的，值得我们认真分析和思考，有些方面也许还可以值得借鉴，值得推广和运用。

（资料来源：中国营销传播网 http：//www.emkt.com.cn/article/176/17621-2.html）

案例思考：

（1）华龙方便面具有什么样的产品组合？其产品组合的亮点在哪里？
（2）华龙方便面制定了怎样的产品策略？其产品策略的亮点在哪里？

模块B 基础理论概要

一、产品的内涵

（一）产品的概念

产品（Product）是指营销者提供给市场，能引起人们的注意、获得、使用或消费，从而满足人们某种需要和欲望的一切东西。产品包括有形物品、服务、人员、地方、组织、构思，或者这些实体的组合。产品是用来满足需要和欲望的，是提供给市场用来进行交换的东西。产品的"有用性"，不能单纯地理解成是将其物质实体消耗的消费形式，还包括其他一些形式，如服务、人员、地点、思想等。

通常一个完整的产品概念由四部分组成：消费者洞察，即从消费者的角度提出其内心所关注的有关问题；利益承诺，即说明产品能为消费者提供哪些好处；支持点，即解释产品的哪些特点是怎样解决消费者洞察中所提出的问题的；总结，即用概括的语言（最好是一句话）将上述三点的精髓表达出来。

(二) 整体产品概念

1995年，菲利普·科特勒在《市场管理：分析、计划、执行与控制》修订版中，将产品概念的内涵由三层次结构说扩展为五层次结构说，即包括核心利益、形式产品、期望产品、延伸（附加或扩大）产品和潜在产品。菲利普·科特勒等学者认为，五个层次的表述方式能够更深刻、更准确地表述产品整体概念的含义。整体产品概念要求企业在规划市场时，要考虑到能提供顾客价值的五个层次。整体产品概念有如下五个基本层次（见图6-2）：

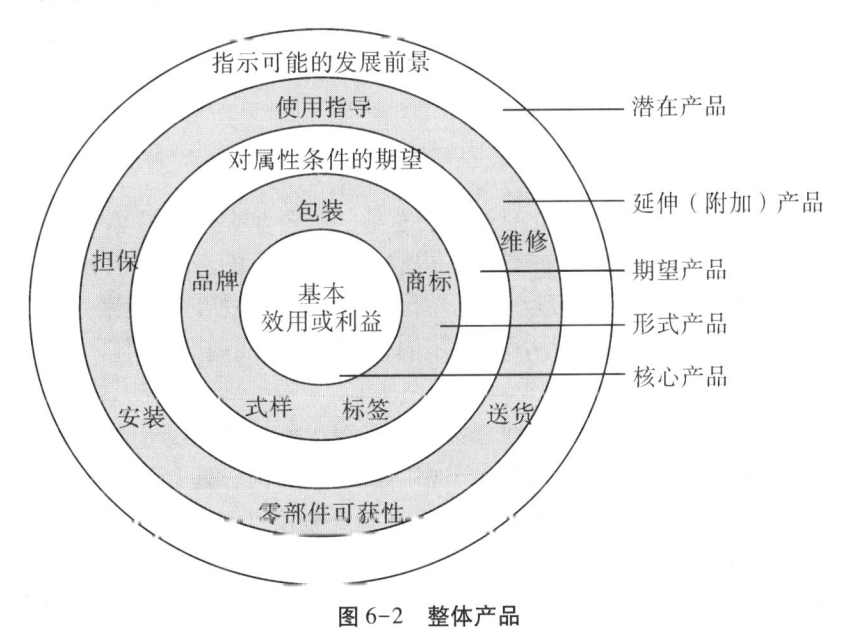

图6-2 整体产品

1. 核心产品（Core Benefit）

核心产品是指向顾客提供的产品的基本效用或利益。从根本上说，每一种产品实质上都是为解决问题而提供的服务。因此，营销人员向顾客销售任何产品，都必须具有反应顾客核心需求的基本效用或利益。

2. 形式产品（Generic Product）

形式产品是指核心产品借以实现的形式，由品质、式样、特征、商标及包装等特征构成。即使是纯粹的服务也具有类似的形式上的特点。

3. 期望产品（Expected Product）

期望产品是指购买者在购买产品时期望得到的与产品密切相关的一整套属性和条件。

4. 延伸（附加）产品（Augmented Product）

延伸（附加）产品是指顾客购买形式产品和期望产品时附带获得的各种利益的总和，包括产品说明书、保证、安装、维修、送货、技术培训等。国内外很多企业的成功，在一定程度上应归功于他们更好地认识到服务在产品整体概念中所占的重要地位。

5. 潜在产品（Potential Product）

潜在产品是指现有产品包括所有附加产品在内的，可能发展成为未来最终产品的潜在状态的产品。潜在产品指出了现有产品可能的演变趋势和前景。

（三）产品的分类

按购买目的分为消费品和产业用品。消费品是指家庭或个人购买和使用的产品或服务。产业用品是指组织购买和使用的产品或服务。产业用品包括材料部件、资本项目（装备和附属设备）、供应品和服务。

按耐用性和是否有形分为非耐用品、耐用品和服务。

按消费者的购买行为习惯分为方便品、选购品、特殊品和非渴望品。

二、产品组合及其决策

（一）产品组合

产品组合是一个企业营销的全部产品的总称，是企业提供给顾客的所有产品线和产品项目的组合。产品组合由品种和规格构成，反映企业的经营范围和产品结构。产品项目构成产品组合和产品线的最小产品单位。产品组合包括四个因素：产品系列的宽度、长度、深度和关联性。这四个因素的不同，构成了不同的产品组合。

1. 宽度（广度）

产品组合的宽度是指企业产品线总数。产品线也称产品大类、产品系列，是指密切相关的一组产品项目，这些产品采用了相同技术或结构、具有相同使用功能、通过类似的销售渠道销售给类似的顾客群，价格在一定幅度变动但规格不同的一组产品。这里的密切相关可以是使用相同的生产技术，产品有类似功能，同类的顾客群或同属于一个价格幅度。产品组合的宽度说明了企业的经营范围大小、跨行业经营，甚至实行多元化经营程度。增加产品组合的宽度，可以充分发挥企业的特长，使企业的资源得到充分利用，提高经营效益。

2. 长度

产品组合的长度是指一个企业的产品项目总数。产品项目指列入企业产品线中具有不同规格、型号、式样或价格的最基本产品单位。通常，每一产品线中包括多个产品项目，企业各产品线的产品项目总数就是企业产品组合长度。

3. 深度

产品组合的深度是指产品线中每一产品有多少品种。例如，M 牙膏产品线下的产品项目有三种，a牙膏是其中一种，而a牙膏有三种规格和两种配方，那么a牙膏的深度是6。产品组合的长度和深度反映了企业满足各个不同细分子市场的程度。增加产品项目，增加产品的规格、型号、式样、花色，可以迎合不同细分市场消费者的不同需要和爱好，招徕、吸引更多顾客。

4. 关联性（黏度）

产品组合的关联性是指企业的各产品线在最终用途、生产条件、分销渠道等方面的相关联程度。较高的产品关联性能带来企业规模效益和范围效益，提高企业在某一地区、行业的声誉。产品组合的关联性强，企业的营销管理难度就小，但经营范围就窄，营销风险要大一些；反之，企业产品组合的关联性差，营销管理的难度大，经营的范围就广，风险相对要小一些。

(二) 产品组合决策

1. 扩大产品组合策略

扩大产品组合策略是开拓产品组合的广度和加强产品组合的深度。开拓产品组合广度是指增添一条或几条产品线，扩展产品经营范围；加强产品组合深度是指在原有的产品线内增加新的产品项目。

扩大产品组合的具体方式：在维持原产品品质和价格的前提下，增加同一产品的规格、型号和款式；增加不同品质和不同价格的同一种产品；增加与原产品相类似的产品；增加与原产品毫不相关的产品。

扩大产品组合的优点：满足不同偏好消费者多方面的需求，提高产品市场占有率；充分利用企业信誉和商标知名度，完善产品系列，扩大经营规模；充分利用企业资源和剩余生产能力，提高经济效益；减小市场需求变动性的影响，分散市场风险，降低损失程度。

2. 缩减产品组合策略

缩减产品组合策略是削减产品线或产品项目，特别是要取消那些获利小的产品，以便集中力量经营获利大的产品线和产品项目。

缩减产品组合的方式：减少产品线数量，实现专业化生产经营；保留原产品线削减产品项目，停止生产某类产品，外购同类产品继续销售。

缩减产品组合的优点：集中资源和技术力量改进保留产品的品质，提高产品商标的知名度；生产经营专业化，提高生产效率，降低生产成本；有利于企业向市场的纵深发展，寻求合适的目标市场；减少资金占用，加速资金周转。

3. 高档产品策略

高档产品策略就是在原有的产品线内增加高档次、高价格的产品项目。

高档产品策略的好处：高档产品生产经营容易为企业带来丰厚利润；可以提高企业现有产品声望，提高企业产品市场地位；有利于带动企业生产技术水平和管理水平提高。

采用这一策略的企业也要承担一定风险。因为企业惯以生产廉价产品的形象在消费者心目中不可能立即转变，使得高档产品不容易很快打开销路，从而影响新产品项目研制费用的迅速回收。

4. 低档产品策略

低档产品策略就是在原有的产品线中增加低档次、低价格的产品项目。

实行低档产品策略的好处：借高档名牌产品的声誉，吸引消费水平较低的顾客慕名购买该产品线中的低档廉价产品；充分利用企业现有生产能力，补充产品项目空白，形成产品系列；增加销售总额，扩大市场占有率。

与高档产品策略一样，低档产品策略的实行能够迅速为企业寻求新的市场机会，同时也会带来一定的风险。如果处理不当，可能会影响企业原有产品的市场声誉和名牌产品的市场形象。

三、产品生命周期及其决策

(一) 产品生命周期

产品生命周期（Product Life Cycle），亦称产品寿命周期，是指产品从进入市场开始，直到最终退出市场为止所经历的市场生命循环过程。一种产品进入市场后，它的销售量和利润都会随时间推移而改变，呈现一个由少到多再由多到少的过程，就如同人的生命一样，由诞生、成长到成熟，最终走向衰亡。产品只有经过研究开发、试销，然后进入市场，它的市场生命周期才算开始。产品退出市场则标志生命周期结束。典型的产品生命周期一般可分为四个阶段，即导入期、成长期、成熟期和衰退期（见图6-3）。

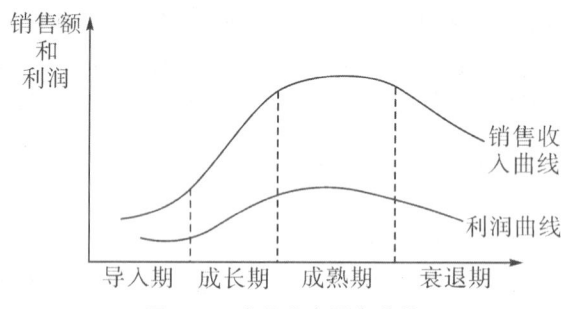

图6-3 产品生命周期曲线

1. 导入（介绍）期

新产品投入市场，便进入导入期。此时，顾客对产品还不了解，只有少数追求新奇的顾客可能购买，销售量很低。为了扩展销路，需要大量促销费用对产品进行宣传。在这一阶段，由于技术方面的原因，产品不能大批量生产，因而成本高，销售额增长缓慢，企业不但得不到利润，反而可能亏损。产品也有待进一步完善。

2. 成长期

这时顾客对产品已经熟悉，大量新顾客开始购买，市场逐步扩大。产品大批量生产，生产成本相对降低，企业的销售额迅速上升，利润也迅速增长。竞争者看到有利可图，将纷纷进入市场参与竞争，使同类产品供给量增加，价格随之下降，企业利润增长速度逐步减慢，最后达到产品生命周期利润的最高点。

3. 成熟期

市场需求趋向饱和，潜在顾客已经很少，销售额增长缓慢直至转而下降，标志着产品进入了成熟期。在这一阶段，竞争逐渐加剧，产品售价降低，促销费用增加，企业利润下降。

4. 衰退期

随着科学技术发展，新产品或新的代用品出现，将使顾客的消费习惯发生改变，转向其他产品，从而使原来产品的销售额和利润额迅速下降。于是，产品又进入了衰退期。

(二) 产品生命周期决策

1. 导入期营销策略

导入期的特征是产品销量少，促销费用高，制造成本高，销售利润很低甚至为负值。根据这一阶段的特点，企业应努力做到：投入市场的产品要有针对性；进入市场的时机要合适；设法把销售力量直接投向最有可能的购买者，使市场尽快接受该产品，以缩短介绍期，更快地进入成长期。在产品的介绍期，一般可以由产品、分销、价格、促销四个基本要素组合成各种不同的市场营销策略。仅将价格高低与促销费用高低结合起来考虑，就有下面四种策略：

(1) 快速撇脂策略，即以高价格、高促销费用推出新产品。实行高价策略可在每单位销售额中获取最大利润，尽快收回投资；高促销费用能够快速建立知名度，占领市场。实施这一策略须具备以下条件：产品有较大的需求潜力；目标顾客求新心理强，急于购买新产品；企业面临潜在竞争者的威胁，需要及早树立品牌形象。一般而言，在产品引入阶段，只要新产品比替代产品有明显的优势，市场对其价格就不会那么计较。

(2) 缓慢撇脂策略，即以高价格、低促销费用推出新产品。目的是以尽可能低的费用开支求得更多的利润。实施这一策略的条件是：市场规模较小；产品已有一定的知名度；目标顾客愿意支付高价；潜在竞争威胁不大。

(3) 快速渗透策略，即以低价格、高促销费用推出新产品。目的在于先发制人，以最快的速度打入市场，取得尽可能大的市场占有率，然后再随着销量和产量的扩大，使单位成本降低，取得规模效益。实施这一策略的条件是：该产品市场容量相当大；潜在消费者对产品不了解，且对价格十分敏感；潜在竞争较为激烈；产品的单位制造成本可随生产规模和销售量的扩大迅速降低。

(4) 缓慢渗透策略，即以低价格、低促销费用推出新产品。低价可扩大销售，低促销费用可降低营销成本，增加利润。这种策略的适用条件是：市场容量很大；市场上该产品的知名度较高；市场对价格十分敏感；存在某些潜在的竞争者，但威胁不大。

2. 成长期营销策略

新产品经过市场导入期以后，消费者对该产品已经熟悉，消费习惯也已形成，销售量迅速增长，这种新产品就进入了成长期。进入成长期以后，老顾客重复购买，并且带来了新的顾客，销售量激增，企业利润迅速增长，在这一阶段利润达到高峰。随着销售量增大，企业生产规模也逐步扩大，产品成本逐步降低，新的竞争者会投入竞争。随着竞争加剧，新的产品特性开始出现，产品市场开始细分，分销渠道增加。企业为维持市场继续成长，需要保持或稍微增加促销费用，但由于销量增加，平均促销费用有所下降。针对成长期的特点，企业为维持其市场增长率，延长获取最大利润的时间，可以采取下面几种策略：

（1）改善产品品质。例如，增加新功能，改变产品款式，发展新型号，开发新用途等。对产品进行改进，可以提高产品的竞争能力，满足顾客更广泛的需求，吸引更多的顾客。

（2）寻找新的细分市场。通过市场细分，找到新的尚未满足的细分市场，根据其需要组织生产，迅速进入这一新的市场。

（3）改变广告宣传的重点。把广告宣传的重心从介绍产品转到建立产品形象上来，树立产品名牌，维系老顾客，吸引新顾客。

（4）适时降价。在适当的时机，可以采取降价策略，以激发那些对价格比较敏感的消费者产生购买动机和采取购买行动。

3. 成熟期营销策略

进入成熟期以后，产品的销售量增长缓慢，逐步达到最高峰，然后缓慢下降；产品的销售利润也从成长期的最高点开始下降；市场竞争非常激烈，各种品牌、各种款式的同类产品不断出现。对成熟期的产品，宜采取主动出击的策略，使成熟期延长或使产品生命周期出现再循环。为此，可以采取以下三种策略：

（1）市场调整。这种策略不是要调整产品本身，而是发现产品的新用途、寻求新的用户或改变推销方式等，以使产品销售量得以扩大。

（2）产品调整。这种策略是通过产品自身的调整来满足顾客的不同需要，吸引有不同需求的顾客。整体产品概念的任何一层次的调整都可视为产品再推出。

（3）市场营销组合调整。通过对产品、定价、渠道、促销四个市场营销组合因素加以综合调整，刺激销售量的回升。常用的方法包括降价、提高促销水平、扩展分销渠道和提高服务质量等。

4. 衰退期营销策略

衰退期的主要特点是：产品销售量急剧下降；企业从这种产品中获得的利润很低甚至为零；大量的竞争者退出市场；消费者的消费习惯已发生改变等。面对处于衰退期的产品，企业需要进行认真的研究分析，决定采取什么策略，在什么时间退出市场。通常有以下几种策略可供选择：

（1）继续策略。继续沿用过去的策略，仍按照原来的细分市场，使用相同的分销渠道、定价及促销方式，直到这种产品完全退出市场为止。

（2）集中策略。把企业能力和资源集中在最有利的细分市场和分销渠道上，从中获取利润。这样有利于缩短产品退出市场的时间，同时又能为企业创造更多的利润。

（3）收缩策略。抛弃无希望的顾客群体，大幅度降低促销水平，尽量减少促销费用，以增加利润。这样可能导致产品在市场上的衰退加速，但也能从忠实于这种产品的顾客中得到利润。

（4）放弃策略。对于衰退比较迅速的产品，应该当机立断，放弃经营。可以采取完全放弃的形式，如把产品线完全转移出去或立即停止生产；也可以采取逐步放弃的方式，使其所占用的资源逐步转向其他的产品。

产品生命周期各阶段特征及营销策略如表6-2所示：

表 6-2　　　　　　　　产品生命周期各阶段特征及营销策略

	阶段	导入期	成长期	成熟期	衰退期
特征	销售额	低	快速增长	缓慢增长	衰退
	利润	易变动	顶峰	下降	低或无
	现金流量	负数	适度	高	低
	顾客	创新使用者	大多数人	大多数人	落后者
	竞争者	稀少	渐多	最多	渐少
策略	策略重心	扩张市场	渗透市场	保持市场占有率	提高生产率
	营销支出	高	高（但百分比下降）	下降	低
	营销重点	产品知晓	品牌偏好	品牌忠诚度	选择性
	营销目的	提高产品知名度及产品试用	追求市场最大占有率	追求最大利润及保持市场占有率	减少支出及增加利润回收
	分销方式	选择性分销	密集式	更加密集式	排除不合适、效率差的渠道
	价格	成本加成法	渗透性价格策略	竞争性价格策略	削价策略
	产品	基本型为主	改进品，增加产品种类及服务保证	差异化、多样化的产品及品牌	剔除弱势产品项目
	广告	争取早期使用者，建立产品知名度	大量营销	建立品牌差异及利益	维持品牌忠诚度
	销售追踪	大量促销及产品试用	利用消费者需求增加	鼓励改变采用公司策略	将支出降至最低

四、新产品开发策略

（一）新产品的概念

新产品是指采用新技术原理、新设计构思研制、生产的全新产品，或在结构、材质、工艺等某一方面比原有产品有明显改进，从而显著提高了产品性能或扩大了使用功能的产品。对新产品的定义可以从企业、市场和技术三个角度进行。对企业而言，第一次生产销售的产品都叫新产品；对市场来讲则不然，只有第一次出现、向市场提供的过去没有生产过的产品才叫新产品；从技术方面看，在产品的原理、结构、功能和形式上发生了改变的产品叫新产品。

营销学的新产品包括了前面三者的成分，但更注重消费者的感受与认同，它是从产品整体性概念的角度来定义的，凡是产品整体性概念中任何一部分的创新或改进，并且能给消费者带来某种新的感受、新的满足和新的利益的相对新的或绝对新的产品，都可以认为是一种新产品。市场营销意义上的新产品涵义很广，除包含因科学技术在某一领域的重大发现所产生的新产品外，还包括：在生产销售方面，只要产品在功能上或形态上发生改变，与原来的产品产生差异，甚至只是产品从原有市场进入新的市场，都可视为新产品；在消费者方面，则是指能进入市场给消费者提供新的利益或新的效用而被消费者认可的产品。

（二）新产品的类型

按产品研究开发过程，新产品可分为全新产品、改进型新产品、模仿型新产品、形成系列型新产品、降低成本型新产品和重新定位型新产品。

1. 全新产品

全新产品是指应用新原理、新技术、新材料，具有新结构、新功能的产品。该新产品在全世界首先开发，能开创全新的市场。全新产品占新产品的比例为10%左右。

2. 改进型新产品

改进型新产品是指在原有老产品基础上进行改进，使产品在结构、功能、品质、花色、款式及包装上具有新特点和新突破。改进后的新产品，其结构更加合理，功能更加齐全，品质更加优质，能更多地满足消费者不断变化的需要。改进型新产品占新产品的26%左右。

3. 模仿型新产品

模仿型新产品是企业对国内外市场上已有的产品进行模仿生产，称为本企业的新产品。模仿型新产品约占新产品的20%左右。

4. 形成系列型新产品

形成系列型新产品是指在原有产品大类中开发出新的品种、花色、规格等，从而与企业原有产品形成系列，扩大产品的目标市场。该类型新产品占新产品的26%左右。

5. 降低成本型新产品

降低成本型新产品是以较低的成本提供同样性能的新产品，主要是指企业利用新科技，改进生产工艺或提高生产效率，削减原产品的成本，但保持原有功能不变的新产品。这种新产品的比重为11%左右。

6. 重新定位型新产品

重新定位型新产品是指企业的老产品进入新的市场而被称为该市场的新产品。这类新产品约占全部新产品的7%左右。

（三）新产品开发战略

新产品开发战略的类型是根据新产品战略的维度组合而成，产品的竞争领域、新产品开发的目标及实现目标的措施三个维度构成了新产品战略。对各维度及维度的诸要素组合便形成各种新产品开发战略。几种典型的新产品开发战略如下：

1. 冒险或创业战略

冒险战略是具有高风险性的新产品战略，通常是在企业面临巨大的市场压力时而为之，企业常常会孤注一掷地调动其所有资源投入新产品开发，期望风险越大，回报越大。该战略的产品竞争领域是产品最终用途和技术的结合，企业希望在技术上有较大的发展甚至是一种技术突破；新产品开发的目标是迅速提高市场占有率，成为该新产品市场的领先者；创新度希望是首创，甚至是首创中的技术性突破；以率先进入市场为投放契机；创新的技术来源采用自主开发、联合开发或技术引进的方式。实施该新产品战略的企业须具备领先的技术、巨大的资金实力、强有力的营销运作能力。中小企业显然不适合运用此新产品开发战略。

2. 进取战略

进取新产品战略是由以下要素组合而成：竞争领域在于产品的最终用途和技术方面，新产品开发的目标是通过新产品市场占有率的提高使企业获得较快的发展；创新程度较高，频率较快；大多数新产品选择率先进入市场；开发方式通常是自主开发；以一定的企业资源进行新产品开发，不会因此而影响企业现有的生产状况。新产品创意可来源于对现有产品用途、功能、工艺、营销策略等的改进，改进型新产品、降低成本型新产品、形成系列型新产品、重新定位型新产品都可成为其选择。进取战略也不排除具有较大技术创新的新产品开发。该新产品战略的风险相对要小。

3. 紧跟战略

紧跟战略是指企业紧跟本行业实力强大的竞争者，迅速仿制竞争者已成功上市的新产品，来维持企业的生存和发展。许多中小企业在发展之初常采用该新产品的开发战略。该战略的特点是：产品的战略竞争领域是由竞争对手所选定的产品或产品的最终用途，本企业无法也无须选定；企业新产品开发的目标是维持或提高市场占有率；仿制新产品的创新程度不高；产品进入市场的时机选择具有灵活性；开发方式多为自主开发或委托开发；紧跟战略的研究开发费用小，但市场营销风险相对要大。实施该新产品战略的关键是紧跟要及时、全面、快速和准确地获得竞争者有关新产品开发的信息是仿制新产品开发战略成功的前提；对竞争者的新产品进行模仿式改进会使其新产品更具竞争力；强有力的市场营销运作是该战略的保障。

4. 保持地位或防御战略

保持或维持企业现有的市场地位，有这种战略目标的企业会选择新产品开发的防御战略。该战略的产品竞争领域是市场上的新产品；新产品开发的目标是维持或适当扩大市场占有率，以维持企业的生存；多采用模仿型新产品开发模式；以自主开发为主，也可采用技术引进方式；产品进入市场的时机通常要滞后；新产品开发的频率不高。成熟产业或夕阳产业中的中小企业常采用此战略。

模块 C 营销技能实训

实训项目 1：情景模拟训练——英特尔产品标志语

1. 实训目标

（1）通过训练提升对整体产品的把握能力；

(2) 通过能力训练提升进行产品生命周期决策的能力；

(3) 通过能力训练提升进行新产品开发策略的能力。

2. 实训情景设置

(1) 按模拟企业分组进行；

(2) 每个企业模拟不同的产品情况；

(3) 一个企业在模拟产品情况时，由其他企业模拟消费者的反应。

3. 实训内容

在 20 世纪 90 年代早期，随着个人电脑在商业市场和消费者市场的空前发展，计算机芯片制造商比比皆是，它们销售了无数的 386 微处理器。但是，尽管模仿可以算做最真诚的奉承，但是当其他的制造商也将其微处理器命名为"386"时，英特尔公司感到了不悦。英特尔公司试图阻止其竞争对手使用"386"，法庭的判决却使英特尔公司不能将"386"这一数字算作品牌。这一裁决给丹尼斯·卡特和他在英特尔的同事们在营销方面带来了挑战，他们能够赋予英特尔的芯片以新的品牌个性吗？作为解决方案，公司最后启用了"内装英特尔（Intel Inside）"这一标志语。

上述是英特尔的解决方案。那么为什么卡特选择"内装英特尔（Intel Inside）"这一标志语来确立其品牌个性呢？以下是三种可能的原因：

方案 1：卡特选择"内装英特尔（Intel Inside）"是因为微处理器芯片还处在产品生命周期的导入阶段，因此英特尔需要一个能够提供有关其产品特征的详细信息的战略。英特尔觉得标志语能够吸引那些正在寻找一个可靠的处理器芯片但又不知如何判断芯片优劣的顾客。

方案 2：卡特选择这一标志语是因为英特尔的名字在从事电脑行业的人士中已相当有名。这样的话，使用"内装英特尔（Intel Inside）"这一标志语就为英特尔公司提供了和其他电脑制造商一起实施合作品牌战略的机会。这些制造商们就可以向市场传递这样一个信息：他们的电脑是物有所值的，因为"内装英特尔（Intel Inside）"。

方案 3：卡特之所以选择"内装英特尔（Intel Inside）"，是因为他想让公司逐步形成一个统一的品牌战略。他想将这一标志语推而广之，用于公司生产的包括微处理器在内的其他一些产品。到最后甚至可用于诸如帽子、T 恤衫之类的商品上。卡特有意使这一标志语带有一定的模糊性——你只知道其中有英特尔的产品，但又不知道这产品到底是什么——这就使得公司能够在这一标志语下开发出其他的产品。

现在，设想你是英特尔公司的一员，对比认为哪种方案是征求得到的呢？为什么？

（资料来源：黄沛. 新编营销实务教程 [M]. 北京：清华大学出版社，2005）

4. 实训过程与步骤

(1) 每个企业受领实训任务；

(2) 必要的理论引导和疑难解答；

(3) 实时的现场控制；

(4) 任务完成时的实训绩效评价。

5. 实训绩效

```
_____实训报告
第_____次市场营销实训
实训项目：_____
实训名称：_____
实训导师姓名：_____；职称（位）：_____；单位：校内□ 校外□
实训学生姓名：_____；专业：_____；班级：_____
实训学期：_____；实训时间：_____；实训地点：_____
实训测评：
```

评价项目	教师评价	得分	学生自评	得分
任务理解（20分）				
情景设置（20分）				
操作步骤（20分）				
任务完成（20分）				
训练总结（20分）				

```
教师评价得分：_____    学生自评得分：_____    综合评价得分：_____
实训总结：
获得的经验：_____
                _____
存在的问题：_____
                _____
提出的建议：_____
```

实训项目2：方案策划训练——产品说明书设计训练

1. 实训目标

（1）能认识并实现组织分工与团队合作；

（2）能撰写出符合格式要求的产品说明书；

（3）能整理总结出产品说明书设计课题分析报告；

（4）能用口头清晰地表达出产品说明书设计实训心得。

2. 实训情景设置

（1）按模拟企业分组进行；

（2）每个企业模拟不同的产品情况；

（3）一个企业在模拟产品情况时，由其他企业模拟消费者的反应。

3. 实训内容

Goodlook化妆用品有限公司生产的青年女性专用的新型植物蛋白化妆用品，为绿色天然健康产品，该产品采用临界萃取技术，从植物中提取超精华蛋白，富含保湿超高弹性活力分子，具有高效润肤与持续保湿的功效。该产品保质期为常温条件下3年；储存要求为保存于阴凉干燥处，避免阳光暴晒。该产品的生产许可证号为 HZ16-1095335，产品执行标准为 QB/T 1975-2004，国家专利号为 GJ201036002188；卫生许可证号为卫妆准字（2010）第 2010-HZ-00028 号，产品获得 ISO9001、ISO14001 体系认证。

企业生产地址：广东省汕头市潮南大道；邮编：515100；电话：0753-72688861；网址：www.Goodlook.com.cn；E-mail：Goodlook @ Goodlook.com.cn。

各模拟企业试根据案例背景资料，为该公司新型植物蛋白化妆用品撰写一份特色鲜明的产品说明书。

（资料来源：罗绍明，等. 市场营销实训教程 [M]. 北京：对外经济贸易大学出版社，2010）

4. 实训过程与步骤

(1) 每个企业受领实训任务；
(2) 必要的理论引导和疑难解答；
(3) 实时的现场控制；
(4) 任务完成时的实训绩效评价。

5. 实训绩效

　　　　　　　　　　　_____实训报告
　　　　　　　　　第_____次市场营销实训

实训项目：_____
实训名称：_____
实训导师姓名：_____；职称（位）：_____；单位：校内□ 校外□
实训学生姓名：_____；专业：_____；班级：_____
实训学期：_____；实训时间：_____；实训地点：_____
实训测评：

评价项目	教师评价	得分	学生自评	得分
任务理解（20分）				
情景设置（20分）				
操作步骤（20分）				
任务完成（20分）				
训练总结（20分）				

教师评价得分：_____　学生自评得分：_____　综合评价得分：_____
实训总结：
　获得的经验：_____
　_____
　存在的问题：_____
　_____
　提出的建议：_____
　_____

实训项目 3：能力拓展训练——新产品开发

1. 实训目标

(1) 通过训练提升创意思维能力；

(2) 通过能力训练提升进行产品组合决策的能力；

(3) 通过能力训练提升制定新产品开发策略的能力。

2. 实训情景设置

(1) 按模拟企业分组进行；

(2) 每个企业模拟不同的产品情况；

(3) 一个企业在模拟产品情况时，由其他企业模拟消费者的反应。

3. 实训内容

每个模拟企业采用头脑风暴法，10 分钟内尽可能多地列举出某种产品的缺点。只考虑想法，不考虑可行性，不必考虑改进的现实性；鼓励异想天开，想法越新颖越好；可以寻求各种想法的组合和改进；其他组员或企业不许有任何批评意见。每个企业指定 1 人记录列举出的缺点。规定时间结束后，分类、汇总各企业列举出的缺点，并向全班公布。面向全班，针对列举出的某项缺点，由各个企业指定发言人，提出新产品开发创意，在规定时间内尽可能多地提出创意。比较评价各个企业列举出的缺点和新产品开发创意的数量和质量，评定各企业成绩。

(资料来源：张卫东. 市场营销理论与实践［M］. 北京：电子工业出版社，2011)

4. 实训过程与步骤

(1) 每个企业受领实训任务；

(2) 必要的理论引导和疑难解答；

(3) 实时的现场控制；

(4) 任务完成时的实训绩效评价。

5. 实训绩效

<u>　　　　　</u>**实训报告**
第<u>　　　　　</u>次市场营销实训

实训项目：<u>　　　　　　　　　　　　　　　　　　　　　　　</u>
实训名称：<u>　　　　　　　　　　　　　　　　　　　　　　　</u>
实训导师姓名：<u>　　　　　</u>；职称（位）：<u>　　　　　</u>；单位：校内□ 校外□
实训学生姓名：<u>　　　　　</u>；专业：<u>　　　　　</u>；班级：<u>　　　　　</u>
实训学期：<u>　　　　　</u>；实训时间：<u>　　　　　</u>；实训地点：<u>　　　　　</u>
实训测评：

评价项目	教师评价	得分	学生自评	得分
任务理解（20分）				
情景设置（20分）				
操作步骤（20分）				
任务完成（20分）				
训练总结（20分）				

教师评价得分：<u>　　　　</u>　学生自评得分：<u>　　　　</u>　综合评价得分：<u>　　　　</u>
实训总结：
获得的经验：<u>　　　　　　　　　　　　　　　　　　　　　　　</u>
<u>　　　　　　　　　　　　　　　　　　　　　　　　　　　　　</u>
存在的问题：<u>　　　　　　　　　　　　　　　　　　　　　　　</u>
<u>　　　　　　　　　　　　　　　　　　　　　　　　　　　　　</u>
提出的建议：<u>　　　　　　　　　　　　　　　　　　　　　　　</u>
<u>　　　　　　　　　　　　　　　　　　　　　　　　　　　　　</u>

第七章 定价策略实训

实训目标：

(1) 深入理解影响定价的因素。
(2) 深入理解及应用定价方法。
(3) 深入理解及应用定价策略。
(4) 深入理解竞争性调价。

模块 A 引入案例

用价格杠杆撬动市场
——联想开拓液晶市场"三大战役"营销案例

2003年9月15日，联想集团发动了自2001年以来的普及液晶显示器的第三次战役，将17英寸（1英寸约等于2.54厘米，下同）液晶显示器的P4主流配置整机价格降到了7999元的最低点。联想集团相关人士表示："这批电脑的预订情况好得惊人，在接收订单的第一天就订出了4万台，这在现在的个人电脑销售市场上几乎是个奇迹。"

其实这个结果在联想集团的意料之中，这只是前两年类似经历的重演。2001年6月，在联想集团发动第一次"液晶风暴"之前，品牌个人电脑标配液晶显示器的比例仅为1%。而3个月后，这一比例骤然上升到了30%。2002年9月，联想集团再度发力，以7999元"P4+极速液晶"的极速液晶显示器个人电脑彻底颠覆了"万元液晶"的市场。

从联想集团的一连串市场举动中可以看出联想集团推广液晶显示器的计划性和步骤性。明基电通的一产品经理说："联想液晶风暴的成功运作是引爆国内液晶显示器市场的催化剂。"

一、2001年"动作之战"

（一）市场背景

2001年，全球经济不景气，信息技术行业全面裁员，市场环境不容乐观。在此期间，个人电脑市场经历了一场令人触目惊心的价格大战。但即便如此，第一季度个人电脑市场的销量仍不理想。从营销和市场运作的角度看，这一阶段，各大个人电脑品牌均缺乏能够有效吸引用户注意力进而点燃起消费需求的"亮点"。

(二) 时机选择

在市场萧条、需求萎缩的实际情况之下,联想集团希望能够发现和开拓市场的亮点,引爆个人电脑市场。随着英特尔集团逐渐加强市场宣传和降价措施的力度、微软集团最新操作系统 Windows XP 的即将推出,2001 年上半年最后的两个月,国内的品牌个人电脑厂商开始将 P4 电脑作为市场的主推产品,各家围绕着 P4 电脑的市场推广战略逐渐形成。

由于 PC 产品高度的"标准化",如果仅把 P4 处理器作为唯一的营销武器,各品牌仍旧很难避免随产品同质而来的需求疲软。那么,如何才能找到让消费者为之兴奋的亮点呢?

国内消费者对液晶电脑有强烈的反响,但是直至 2001 年 6 月之前,液晶电脑仍未进入寻常家庭——价格门槛过高固然是造成了这种"曲高和寡"的现实,而个人电脑厂商不能拿出适合消费者接受实际的解决方案也是一个重要的因素。

(三) 市场策略

联想集团的市场策略是利用自身的品牌、产品(规模化生产)、渠道等优势,强力"干预"液晶显示器的价格体系,迅速推进液晶显示器的普及,打一场漂亮的"运作之战"。联想集团决定分四个阶段来实施其"液晶风暴"策略。

第一阶段:5 月 21 日,率先以破万元的震撼价格推出主流配置的液晶显示器电脑。此举极大地拓展了此类产品的用户范围,给冰冻已久的家用电脑市场打了一针强心剂,并由此引爆了家用个人电脑的市场需求。

第二阶段:6 月 18 日的联想消费 IT(信息技术,下同)战略发布会,是联想自划分 6 大业务群组后消费群组的首次策略发布会,会议提出了未来 3 年消费 IT 的策略和设想,并将液晶显示器确定为未来数字家庭的视频平台。这一看法得到了业界观察家、国内外同行以及合作伙伴的广泛认可。6 月 22 日,暑期促销进入高峰,将联想液晶电脑的用户范围扩展到了全国各省市,以巩固在液晶显示器方面的市场领先优势。

第三阶段:7 月 9 日,联想集团与全球 6 大液晶显示器巨头结成策略联盟,确保了货源,并给竞争对手形成了"可能缺货"的强大压力,从而拉大了与竞争对手的距离,保证了联想集团在中国个人电脑市场的领先地位。

第四阶段:8 月 27 日,联想集团完成了 3 个月来"液晶高台跳水"的最后一个动作,开始推行"全民液晶"风暴,真正把"液晶"变成了国产个人电脑的标准配置。

值得一提的是,联想液晶风暴直接引发了业界和舆论界关于液晶显示器技术、市场的大讨论,有评论称:"由于联想'横刀介入',液晶显示器在中国的普及至少提前了两年。"

二、2002 年产品之战

联想在推广液晶显示器应用方面的不遗余力让更多的国内外厂商如梦初醒。它们纷纷参与到这场市场鏖战中,并不断推出新的机型来遏制联想的攻势。鉴于运作之战已经告一段落,而各品牌之间的搏杀开始延展到产品范畴,联想适时调整,打响了液晶电脑的第二次战役。

(一) 市场背景

联想预见到，今后的一两年内，市场增长必将趋缓，再加上计算与通信产品的多元化发展趋势，如果厂商不能够在产品方面别出机杼，那么"契机"很快就会变成危机。

液晶显示器的供货形势也发生了很大的变化。从2001年下半年开始，液晶显示器的主要部件——液晶面板的价格一路上扬，液晶显示器价格随之一路攀升。这使得刚刚掀起的液晶显示器热潮有所降温。

(二) 时机选择

液晶电脑市场正呈现出龙蛇混杂的"乱局"——联想集团和几个一线厂商坚持"产品高品质"的理念，在整机各个关键元件（尤其是液晶显示器）上不惜工本。同时，一些中小个人电脑品牌的液晶显示器机型则采取降低配置、缩减配件的手段抢占市场，这极有可能影响消费者的信心。

鉴于此，在暑期促销前夕，联想集团高层考察了韩国液晶显示器市场，发现韩国液晶显示器厂商正在大规模投产第五代生产线，其成品率、液晶屏性能和生产规模等问题，都在一定的程度上得到了解决。

再者，由于我国台湾股市低迷，台湾液晶显示器生产厂商面临巨大压力，急于出货的台湾供应商纷纷"瞄准"联想集团，联想集团因此而可以相对低廉的原料价格获得充裕的原料储备。

联想的判断是：9月份，液晶显示器在我国市场上的价格极有可能下调，而这将为液晶电脑的普及销售创造最为有利的条件。

(三) 市场策略

9月19日，联想集团在毫无任何预兆的情况下，推出了一款标配15英寸超A级液晶显示器的P4 2.0电脑，售价只有7999元，这令许多电脑厂商大感意外。

联想推出的低价位液晶电脑，打破了消费者心理上的消费壁垒，给想买液晶电脑的消费者下了一场及时雨，必然会促进液晶电脑的全面热销，掀动新一轮的"液晶普及潮"。联想集团此举意味着各大厂商围绕液晶电脑的竞争已由"动作战"过渡到了"产品战"。

(四) 实施效果

联想集团所主导的"液晶风暴"打响了第二场战役，在这一战役中，联想集团作为中国个人电脑第一品牌的优势展现无疑。

业界人士认为，联想集团在此战役中所表现出的"快速反应"能力和"精确打击"能力值得称道。"快"体现在以迅雷不及掩耳之势推广产品，如果没有强大的资金实力、畅达的渠道资源与一流的执行效率，想要在如此短促的时间内卷起如此壮阔的市场狂澜，那是不可想象的。"准"是联想的另一优势，8000元以下的"极速液晶"精确无比地切中了消费者的需求要害以及竞争对手的"软肋"。

联想集团开启了液晶电脑平民化时代。液晶显示器渐成为家用个人电脑市场的主流。

三、2003年应用之战

2003年上半年,中国台式个人电脑市场上,品牌之间的竞争开始围绕产品升级、数码应用和服务创新三大核心展开。

(一)市场背景

2003年中国个人电脑市场的品牌格局一是国内品牌电脑引领家庭消费市场;二是地方中小品牌发展迅速,在稳固本地市场的基础上展开渠道扩张,意欲从地方品牌过渡到全国性品牌。

从技术和产品的角度看,在联想集团和广大同行的努力下,2002年液晶产品的用户教育已基本完成,更多的用户开始把目光投注在能够为其带来更舒适体验的大屏幕液晶显示器上。

2003年数码主流化和个人电脑家电化也就成为了各大个人电脑品牌推广其产品时的主题——家用个人电脑成为控制平台、信息终端和娱乐中枢已是大势所趋。

(二)时机选择

由于17英寸液晶面板能够为生产者提供更高的利润,因此我国台湾地区的一些企业和韩国的一些企业纷纷提升17英寸液晶显示器的产能,此消彼长之下,2003年中国个人电脑配件市场曾一度出现17英寸液晶显示器降价、15英寸液晶显示器涨价的"怪现象"。

目前,17英寸液晶显示器的市场价格多在3000~5000元不等,市场上甚至出现了售价低于3000元的产品。这意味着,17英寸液晶显示器有可能提前成为这一领域的主流产品。

(三)市场策略

2003年9月,联想集团打响了液晶风暴的第3次战役。将17英寸液晶显示器+P4主流配置的家用个人电脑降至7999元的消费者心理价位。

之所以把17英寸液晶显示器作为攻占市场的利器,是因为17英寸纯平阴极射线管(Cathode Ray Tube,CRT)显示器占据了最大的市场份额,在市场上单买一台17英寸液晶显示器需要3000~5000元,基本相当于一台个人电脑整机价格的一半。联想集团再度拉低大屏幕液晶显示器的整体价位,这表明联想集团希望以17英寸液晶激起更多消费者的潜在需求,引导消费者积极开掘液晶电脑的应用类型(包含数码应用),并由此开始新一轮的"做饼运动"。

17英寸液晶显示器价格瓶颈被打破,同时也标志着在软、硬件都已经趋于完美的情况下,数码应用体验的最后一个瓶颈——显示瓶颈被彻底打破,并且可能就是数码应用普及的第二次高峰,这将带来个人电脑几何级数增长,并使个人电脑厂商迎来数码应用普及的第二次高峰。

四、点评:"舍"目的是为了"得"

联想集团此次推出的这款售价为7999元的液晶屏电脑,利润绝对要低于联想电脑的平均利润水平,加上各种市场费用和对经销商的激励措施,基本是在微利销售。可以看到,联想集团2001年和2002年的"液晶大战",利润状况也同样如此。

之所以这样做,联想集团的目的是想开拓市场,尽快把市场做热。在看准方向后,暂时放弃一部分利润，以大手笔的投入来进行市场开拓。这往往是领导厂商的风范：引导市场而不追随市场潮流。

联想集团的产品占据着国内家用电脑市场超过30%的份额，联想集团的举动对其他厂家的影响不可估量。联想集团希望通过自己的行为能让竞争对手迅速跟进，共同把"饼"做大。如果市场增长10%，联想集团就可拿到4%，这是联想集团一直坚持的"将饼做大"理论的最好体现。

实际上，有时候与竞争对手一起把市场做大，并适时地放弃一部分利润并不失为一种战略选择，最重要的是能够准确地分析市场形势，毕竟"舍"的目的是为了"得"。

（资料来源：吴晓燕.用价格杠杆撬动市场——联想开拓液晶市场三大战役营销案例［N］.中国经营报，2003-09-22）

案例思考：

(1) 联想集团开拓液晶市场采用了什么价格策略？
(2) 联想集团开拓液晶市场三大战役的价格策略怎样随着形势变化？
(3) 联想集团开拓液晶市场的价格策略带来什么市场反应？
(4) 市场上其他竞争对手对联想集团开拓液晶市场的价格策略有什么反应？

模块 B　基础理论概要

一、定价策略的内涵

定价策略是指企业通过对顾客需求的估量和成本分析，选择一种能吸引顾客、实现市场营销组合的策略。定价策略就是根据购买者各自不同的支付能力和效用情况，结合产品进行定价，从而实现最大利润的定价办法。定价策略的确定一定要以科学的研究为依据，以实践经验判断为手段，在维护生产者和消费者双方经济利益的前提下，以消费者可以接受的水平为基准，根据市场变化情况，灵活反应，买卖双方共同决策。

二、影响定价的因素

(一) 定价目标

1. 维持企业生存

当由于生产能力过剩或市场竞争激烈或顾客需求发生变化，导致企业产品积压、资金周转困难，影响到企业生存，企业应该为其产品制定较低的价格，以减少库存产品，收回变动成本和一部分固定成本，使企业得以继续生存下去。这时，生存比获取利润更重要。

2. 当期利润最大化

企业根据产品的需求函数和成本函数，选择一种价格，使之能产生最大的当期利润、现金流量或投资报酬率。企业没有考虑长期效益、竞争者的情况等方面。

3. 市场占有率最大化

市场占有率最大化的条件是市场对价格高度敏感，低价能刺激需求迅速增长；生产与分销的单位成本会随生产经验积累下降；低价能吓阻现有的和潜在的竞争对手。当满足以上条件时，企业会为产品制定较低的有吸引力和竞争力的价格，以最快的速度进行市场渗透，以达到维持和提高市场占有率的目标。当初，"富士"和"柯达"胶卷在中国市场的定价就是以提高市场占有率为目标。

4. 产品质量最优化

企业这时会为产品制定较高的价格，以补偿为保持产品的高质量所发生的较高的生产成本和研究开发费用。

（二）产品成本

成本是产品定价的下限。从长期来看，任何产品的价格都应高于所发生的成本费用，在生产经营过程中发生的耗费才能从销售收入中得到补偿，企业才能获得利润，生产经营活动才能得以继续进行。

企业的成本可分为两类：一类是固定成本，包括固定资产折旧、厂房设备的租金、利息、企业管理当局的管理费用等；另一类是变动成本，包括原材料、生产工人和车间管理人员的工资等。

（三）市场需求

市场需求是影响企业定价的重要因素。当产品价格高于某一水平时，将无人购买，因此市场需求决定了产品价格的上限。一般来说，市场需求随着产品价格的上升而减少，随着产品价格的下降而增加。需求曲线是一条从左上方向右下方倾斜的曲线。但是，也有一些产品的需求和价格之间呈同方向变化的关系，如能代表一定社会地位和身份的装饰品及有价值的收藏品等。

（四）竞争者产品和价格

除了掌握产品的需求和成本的情况，企业还必须了解市场供给的情况，即了解企业的竞争对手。认真调查、分析竞争对手的生产成本、产品价格和产品特色等，同时还应该了解、分析竞争产品的非价格因素，如品牌、商誉和服务等。企业只有在充分掌握了竞争对手的产品和价格情况后，才可以将竞争对手的产品价格作为自己产品的定价基础。也应该考虑到，当自己的产品价格公之于众之后，竞争对手的产品价格也将会随之而动。企业应该有相应的对策及时做出反应。企业可以将竞争者的产品及其价格作为企业产品定价的参考。如果企业的产品和竞争者的同种产品质量差不多，那么两者的价格也应大体一样；如果企业的产品不如竞争者的产品，那么价格就应定低些；如果企业的产品优于竞争者的产品，那么价格就可以定高些。

宝洁公司在1988年打入中国洗涤用品市场成立合资企业广州宝洁有限公司时，分析了市场上竞争者产品的情况：中国国产产品质量差、包装简陋、缺乏个性，但价格低廉；进口产品质量虽好，但价格昂贵，很少有人问津。因此，宝洁公司将合资品牌定在高价位上，价格是国内品牌的3~5倍，但比进口品牌便宜1~2元。这种竞争性的价格定位使广州宝洁这一合资品牌在中国洗涤用品市场上占有了很大份额，取得了很好的经济效益。

（五）法律政策

在我国，定价还要受《中华人民共和国价格法》《中华人民共和国反不正当竞争法》《明码标价法》《制止牟取暴利的暂行规定》《价格违反行为行政处罚规定》《关于制止低价倾销行为的规定》等相关法律法规的限制。

三、定价方法

定价方法是企业在特定的定价目标指导下，依据对成本、需求及竞争等状况的研究，运用价格决策理论，对产品价格进行计算的具体方法。定价方法主要包括成本导向、竞争导向和顾客导向三种类型。

（一）成本导向定价法

以产品单位成本为基本依据，再加上预期利润来确定价格的成本导向定价法，是中外企业最常用、最基本的定价方法。成本导向定价法又衍生出了总成本加成定价法、目标收益定价法、边际成本定价法、盈亏平衡定价法等几种具体的定价方法。

1. 总成本加成定价法

在这种定价方法下，把所有为生产某种产品而发生的耗费均计入成本的范围，计算单位产品的变动成本，合理分摊相应的固定成本，再按一定的目标利润率来决定价格。

2. 目标收益定价法

目标收益定价法又称投资收益率定价法，是根据企业的投资总额、预期销量和投资回收期等因素来确定价格。

3. 边际成本定价法

边际成本是指每增加或减少单位产品所引起的总成本变化量。由于边际成本与变动成本比较接近，而变动成本的计算更容易一些，所以在定价实务中多用变动成本替代边际成本，而将边际成本定价法称为变动成本定价法。

4. 盈亏平衡定价法

在销量既定的条件下，企业产品价格必须达到一定的水平才能做到盈亏平衡、收支相抵。既定的销量就称为盈亏平衡点，这种制定价格的方法就称为盈亏平衡定价法。科学地预测销量和已知固定成本、变动成本是盈亏平衡定价的前提。

（二）竞争导向定价法

在竞争十分激烈的市场上，企业通过研究竞争对手的生产条件、服务状况、价格水平等因素，依据自身的竞争实力，参考成本和供求状况来确定商品价格。这种定价方法就是通常所说的竞争导向定价法。竞争导向定价主要包括以下几种方法：

1. 随行就市定价法

在垄断竞争和完全竞争的市场结构条件下,任何一家企业都无法凭借自己的实力而在市场上取得绝对的优势,为了避免竞争特别是价格竞争带来的损失,大多数企业都采用随行就市定价法,即将本企业某产品价格保持在市场平均价格水平上,利用这样的价格来获得平均报酬。此外,采用随行就市定价法,企业就不必去全面了解消费者对不同价差的反应,也不会引起价格波动。

2. 产品差别定价法

产品差别定价法是指企业通过不同的营销手段,使同种同质的产品在消费者心目中树立起不同的产品形象,进而根据自身特点,选取低于或高于竞争者的价格作为本企业产品价格。因此,产品差别定价法是一种进攻性的定价方法。

3. 密封投标定价法

在国内外,许多大宗商品、原材料、成套设备和建筑工程项目的买卖和承包以及出售小型企业等,往往采用发包人招标、承包人投标的方式来选择承包者,确定最终承包价格。一般来说,招标方只有一个,处于相对垄断地位,而投标方有多个,处于相互竞争地位。标的物的价格由参与投标的各个企业在相互独立的条件下来确定。在买方招标的所有投标者中,报价最低的投标者通常中标,它的报价就是承包价格。这样一种竞争性的定价方法就称密封投标定价法。

(三) 顾客导向定价法

现代市场营销观念要求企业的一切生产经营必须以消费者需求为中心,并在产品、价格、分销和促销等方面予以充分体现。根据市场需求状况和消费者对产品的感觉差异来确定价格的方法叫做顾客导向定价法,又称市场导向定价法、需求导向定价法。需求导向定价法主要包括理解价值定价法、需求差异定价法和逆向定价法。

1. 理解价值定价法

所谓理解价值,是指消费者对某种商品价值的主观评判。理解价值定价法是指企业以消费者对商品价值的理解度为定价依据,运用各种营销策略和手段,影响消费者对商品价值的认知,形成对企业有利的价值观念,再根据商品在消费者心目中的价值来制定价格。

2. 需求差异定价法

所谓需求差异定价法,是指产品价格的确定以需求为依据,首先强调适应消费者需求的不同特性,而将成本补偿放在次要的地位。这种定价方法,对同一商品在同一市场上制定两个或两个以上的价格,或使不同商品价格之间的差额大于其成本之间的差额。其好处是可以使企业定价最大限度地符合市场需求,促进商品销售,有利于企业获取最佳的经济效益。

3. 逆向定价法

这种定价方法主要不是考虑产品成本,而重点考虑需求状况。依据消费者能够接受的最终销售价格,逆向推算出中间商的批发价和生产企业的出厂价格。逆向定价法的特点是价格能反映市场需求情况,有利于加强与中间商的良好关系,保证中间商的正常利润，使产品迅速向市场渗透，并可根据市场供求情况及时调整，定价比较灵活。

（四）各种定价方法的运用

企业定价方法很多，企业应根据不同的经营战略和价格策略、不同市场环境和经济发展状况等，选择不同的定价方法。

从本质上说，成本导向定价法是一种卖方定价导向。它忽视了市场需求、竞争和价格水平的变化，有时候与定价目标相脱节。此外，运用这一方法制定的价格均是建立在对销量主观预测的基础上，从而降低了价格制定的科学性。因此，在采用成本导向定价法时，还需要充分考虑需求和竞争状况，来确定最终的市场价格水平。

竞争导向定价法是以竞争者的价格为导向的。它的特点是价格与商品成本和需求不发生直接关系；商品成本或市场需求变化了，但竞争者的价格未变，就应维持原价，反之虽然成本或需求都没有变动，但竞争者的价格变动了，则相应地调整其商品价格。当然，为实现企业的定价目标和总体经营战略目标，谋求企业的生存或发展，企业可以在其他营销手段的配合下，将价格定得高于或低于竞争者的价格，并不一定要和竞争对手的产品价格完全保持一致。

顾客导向定价法是以市场需求为导向的定价方法，价格随市场需求的变化而变化，不与成本因素发生直接关系，符合现代市场营销观念要求，企业的一切生产经营以消费者需求为中心。

四、定价策略

（一）新产品定价

1. 有专利保护的新产品的定价

有专利保护的新产品的定价可采用撇脂定价法和渗透定价法。

（1）撇脂定价法。新产品上市之初，将价格定得较高，在短期内获取厚利，尽快收回投资。就像从牛奶中撇取所含的奶油一样，取其精华，故称之为撇脂定价法。

这种方法适合需求弹性较小的细分市场，其优点在于：一是新产品上市，顾客对其无理性认识，利用较高价格可以提高身价，适应顾客求新心理，有助于开拓市场；二是主动性大，产品进入成熟期后，价格可分阶段逐步下降，有利于吸引新的购买者；三是价格高，限制需求量过于迅速增加，使其与生产能力相适应。撇脂定价法的缺点在于：获利大，不利于扩大市场，并很快招来竞争者，会迫使价格下降，好景不长。

（2）渗透定价法。在新产品投放市场时，价格定得尽可能低一些，其目的是获得最高销售量和最大市场占有率。

当新产品没有显著特色，竞争激烈，需求弹性较大时宜采用渗透定价法。渗透定价法的优点在于：产品能迅速为市场所接受，打开销路，增加产量，使成本随生产发展而下降；低价薄利，使竞争者望而却步，减缓竞争，获得一定的市场优势。

对于企业来说，采取撇脂定价还是渗透定价，需要综合考虑市场需求、竞争、供给、市场潜力、价格弹性、产品特性、企业发展战略等因素。

2. 仿制品的定价

仿制品是企业模仿国内外市场上的畅销货而生产出的新产品。仿制品面临着产品定位问题，就新产品质量和价格而言，有九种可供选择的战略：优质优价、优质中价、优质低价、中质高价、中质中价、中质低价、低质高价、低质中价、低质低价。

（二）心理定价

心理定价是根据消费者的消费心理定价，主要有以下几种方法：

1. 尾数定价或整数定价

许多商品的价格，宁可定为 0.98 元或 0.99 元，而不定为 1 元，是适应消费者购买心理的一种取舍，尾数定价使消费者产生一种"价廉"的错觉，比定为 1 元反应积极，促进销售。相反，有的商品不定价为 9.8 元，而定为 10 元，同样使消费者产生一种错觉，迎合消费者"便宜无好货，好货不便宜"的心理。

2. 声望性定价

此种定价法有两个目的：一是提高产品的形象，以价格说明其名贵名优；二是满足购买者的地位欲望，适应购买者的消费心理。

3. 习惯性定价

某种商品，由于同类产品多，在市场上形成了一种习惯价格，个别生产者难以改变。降价易引起消费者对品质的怀疑，涨价则可能受到消费者的抵制。

（三）折扣定价

大多数企业通常都酌情调整其基本价格，以鼓励顾客及早付清货款、大量购买或增加淡季购买。这种价格调整叫做价格折扣和折让。

1. 现金折扣

现金折扣是对及时付清账款的购买者的一种价格折扣。例如，"2/10 净 30"表示付款期是 30 天，如果在成交后 10 天内付款，给予 2%的现金折扣。许多行业习惯采用此法以加速资金周转，减少收账费用和坏账。

2. 数量折扣

数量折扣是企业给那些大量购买某种产品的顾客的一种折扣，以鼓励顾客购买更多的货物。大量购买能使企业降低生产、销售等环节的成本费用。例如，顾客购买某种商品 100 单位以下，每单位 10 元；购买 100 单位以上，每单位 9 元。

3. 职能折扣

职能折扣也叫贸易折扣，是制造商给予中间商的一种额外折扣，使中间商可以获得低于目录价格的价格。

4. 季节折扣

季节折扣是企业鼓励顾客淡季购买的一种减让，使企业的生产和销售一年四季能保持相对稳定。

5. 推广津贴

为扩大产品销路，生产企业向中间商提供促销津贴。例如，零售商为企业产品刊登广告或设立橱窗，生产企业除负担部分广告费外，还在产品价格上给予一定优惠。

（四）歧视（差别）定价

企业往往根据不同顾客、不同时间和场所来调整产品价格，实行差别定价，即对同一产品或劳务定出两种或多种价格，但这种差别不反映成本变化。主要有以下几种形式：

一是对不同顾客群定不同的价格；

二是不同的花色品种、式样定不同的价格；

三是不同的部位定不同的价格；

四是不同时间定不同的价格。

实行歧视定价的前提条件是：市场必须是可细分的且各个细分市场的需求强度是不同的；商品不可能转手倒卖；高价市场上不可能有竞争者削价竞销；不违法；不引起顾客反感。

五、竞争性调价

企业在产品价格确定后，由于客观环境和市场情况的变化，往往会对价格进行修改和调整。

（一）主动调整价格

1. 降价

企业在以下情况需考虑降价：

（1）企业生产能力过剩、产量过多，库存积压严重，市场供过于求，企业以降价来刺激市场需求；

（2）面对竞争者的"削价战"，企业不降价将会失去顾客或减少市场份额；

（3）生产成本下降，科技进步，劳动生产率不断提高，生产成本逐步下降，其市场价格也应下降。

2. 提价

提价一般会遭到消费者和经销商反对，但在以下情况不得不提高价格：

（1）通货膨胀。如果物价普遍上涨，企业生产成本必然增加，企业为保证利润不得不提价。

（2）产品供不应求。一方面，买方之间展开激烈竞争，争夺货源，为企业创造有利条件；另一方面，也可以抑制需求过快增长，保持供求平衡。

（二）购买者的反应

1. 顾客对降价可能有以下看法：

（1）产品样式老了，将被新产品代替；

（2）产品有缺点，销售不畅；

（3）企业财务困难，难以继续经营；

（4）价格还要进一步下跌；

（5）产品质量下降了。

2. 顾客对提价可能有以下看法：

（1）产品很畅销，不尽快买就买不到了；

（2）产品很有价值；

（3）卖主想赚取更多利润。

购买者对价值不同的产品价格的反应也有所不同，对于价值高、经常购买的产品的价格变动较为敏感；对于价值低、不经常购买的产品，即使单位价格高，购买者也不大在意。此外，购买者通常更关心取得、使用和维修产品的总费用，因此卖方可以把产品的价格定得比竞争者高，取得较多利润。

（三）竞争者的反应

竞争者对调价的反应有以下几种类型：

1. 相向式反应

你涨价，他也涨价；你降价，他也降价。这样一致的行为对企业影响不太大，不会导致产生严重后果。企业坚持合理营销策略，不会失掉市场和减少市场份额。

2. 逆向式反应

你提价，他降价或维持原价不变；你降价，他提价或维持原价不变。这种相互冲突的行为，影响很严重，竞争者的目的也十分清楚，就是乘机争夺市场。对此，企业要进行调查分析，首先摸清竞争者的具体目的，其次要估计竞争者的实力，最后要了解市场的竞争格局。

3. 交叉式反应

众多竞争者对企业调价反应不一，有相向的，有逆向的，有不变的，情况错综复杂。企业在不得不进行价格调整时应注意提高产品质量，加强广告宣传，保持分销渠道畅通等。

（四）企业的反应

在同质产品市场，如果竞争者降价，企业必随之降价，否则企业会失去顾客。某一企业提价，其他企业随之提价（如果提价对整个行业有利），但如有一个企业不提价，最先提价的企业和其他企业将不得不取消提价。

在异质产品市场，购买者不仅考虑产品价格高低，而且考虑质量、服务、可靠性等因素，因此购买者对较小价格差额无反应或不敏感，则企业对竞争者价格调整的反应有较多自由。

企业在做出反应时，先必须分析：竞争者调价的目的是什么？调价是暂时的，还是长期的？能否持久？企业面临竞争者应权衡得失：是否应做出反应？如何反应？另外，还必须分析价格的需求弹性、产品成本和销售量之间的关系等复杂问题。

企业要做出迅速反应，最好事先制定反应程序，到时按程序处理，提高反应的灵活性和有效性。

模块 C　营销技能实训

实训项目 1：观念应用训练——价格现象评析

1. 实训目标

（1）通过训练提升定价方法应用能力；

（2）通过能力训练提升定价策略制定能力；

（3）通过能力训练提升竞争性调价的策略和应对能力。

2. 实训情景设置

（1）按模拟企业分组进行；

（2）每个企业模拟不同的市场定价情况；

（3）一个企业在模拟市场定价情况时，由其他企业模拟竞争者的反应。

3. 实训内容

有的人对市场营销中的定价策略有好多不同意见：原价 20 元，现价 19.80 元，销量就会大幅增加，这是自作聪明；原价 70 元，提高至 100 元，限量打 7 折销售，买的人就多，这是欺诈；超市 4 元 1 瓶的啤酒，酒吧要卖 20 元 1 瓶，这简直是暴利；原价 300 元的皮衣，无人问津，标价 3000 元，却抢购一空，这是消费者太蠢；1999 年 2 月 19 日，突然降温造成峨眉山游客被困，个别商家 1 包方便面销售 30 元，租一件军大衣 150 元；2003 年"非典"期间，一瓶原价 4 元的普通消毒液，20 元才能买到，商家认为，这是物以稀为贵，遵循的是价值规律。

各模拟企业经过团体分析研究后，派出 1 位代表解释造成这些现象的原因；并另外派出两位代表，发表本公司在营销活动中将如何处理好定价策略和营销道德、诚信和价值规律的关系的言论。

（资料来源：张卫东. 市场营销理论与实践［M］. 北京：电子工业出版社，2011）

4. 实训过程与步骤

（1）每个企业受领实训任务；

（2）必要的理论引导和疑难解答；

（3）实时的现场控制；

（4）任务完成时的实训绩效评价。

5. 实训绩效

_____实训报告
第_____次市场营销实训

实训项目：_____
实训名称：_____
实训导师姓名：_____；职称（位）：_____；单位：校内□ 校外□
实训学生姓名：_____；专业：_____；班级：_____
实训学期：_____；实训时间：_____；实训地点：_____
实训测评：

评价项目	教师评价	得分	学生自评	得分
任务理解（20分）				
情景设置（20分）				
操作步骤（20分）				
任务完成（20分）				
训练总结（20分）				

教师评价得分：_____ 学生自评得分：_____ 综合评价得分：_____
实训总结：
获得的经验：_____
_____
存在的问题：_____
_____
提出的建议：_____

实训项目2：方案策划训练——投标说明书设计训练

1. 实训目标

（1）能认识并实现组织分工与团队合作；
（2）能撰写出符合格式要求的投标说明书；
（3）能整理总结出投标说明书设计课题分析报告；
（4）能清晰地口头表达出投标说明书设计实训心得。

2. 实训情景设置

（1）按模拟企业分组进行；
（2）每个企业模拟不同的市场定价情况；
（3）一个企业在模拟市场定价情况时，由其他企业模拟竞争者的反应。

3. 实训内容

GL美妆用品有限公司在《长江日报》上阅读到一则有关长江集团公司采购美妆用品的招标公告。结合公司现有的实力与条件，公司决定投标长江集团公司美妆用品的采购项目。请根据长江集团公司美妆用品采购招标公告资料以及企业的经营状况，制作一份 GL 公司美妆用品的投标书。

长江集团公司采购美妆用品招标公告

长江集团公司拟采购一批美妆用品，现就该次采购项目进行国内公开招标，欢迎国内合格的供应商前来投标。

1. 招标编号：CJMZ-20130012
2. 招标货物名称及数量
（1）洗面奶：2000 箱，每箱 20 瓶，规格 200 毫升
（2）润肤霜：2000 箱，每箱 20 瓶，规格 200 毫升
3. 售标书日期：2013 年 6 月 20 日 9：00-11：30
   售标书地址：长江集团公司办公大楼三层办公室
4. 投标日期：2013 年 6 月 25 日 9：00-11：30
   投标地址：长江集团公司办公大楼三层办公室
5. 开标日期：2013 年 6 月 26 日 9：00-11：30
   开标地址：长江集团公司办公大楼三层办公室
6. 联系人：李一鸣
   联系电话：027-28866766 传真电话：027-28866776
   联系地址：武汉市长江大道 邮政编码：430082

（资料来源：罗绍明，等．市场营销实训教程［M］．北京：对外经济贸易大学出版社，2010）

4. 实训过程与步骤
（1）每个企业受领实训任务；
（2）必要的理论引导和疑难解答；
（3）实时的现场控制；
（4）任务完成时的实训绩效评价。

5. 实训绩效

```
_____实训报告
第_____次市场营销实训
实训项目：_____
实训名称：_____
实训导师姓名：_____；职称（位）：_____；单位：校内□ 校外□
实训学生姓名：_____；专业：_____；班级：_____
实训学期：_____；实训时间：_____；实训地点：_____
实训测评：
```

评价项目	教师评价	得分	学生自评	得分
任务理解（20分）				
情景设置（20分）				
操作步骤（20分）				
任务完成（20分）				
训练总结（20分）				

教师评价得分：_____ 学生自评得分：_____ 综合评价得分：_____
实训总结：
获得的经验：_____
_____
存在的问题：_____
_____
提出的建议：_____
_____

实训项目3：情景模拟训练——商品拍卖

1. 实训目标

（1）通过训练提升定价方法应用能力；

（2）通过能力训练提升定价策略制定能力；

（3）通过能力训练提升竞争性调价的策略和应对能力。

2. 实训情景设置

（1）按模拟企业分组进行；

（2）每个企业模拟不同的市场定价情况；

（3）一个企业在模拟市场定价情况时，由其他企业模拟竞争者的反应。

3. 实训内容

向全班同学征集拍卖物品，每人2~3件；由各企业选派代表成立估价委员会，对征集到的拍品进行评估并设定底价；估价委员会按照底价总值相等的原则，将拍品分成若干组；各企业选派代表抽签确定本企业负责拍卖的物品，并分配给各企业与拍卖物品底价总值相等（或上浮20%）的资金额度，用于竞买物品；各企业选派拍卖师面向全班同学拍卖本企业物品；拍卖结束后，计算各企业盈亏额度，决定胜负。

盈亏额度＝（拍卖前拍品底价总值+资金额度）－（拍卖后拍品底价总值+资金额度）＝拍卖物品余额（成交价-底价）-竞买物品超额（成交价-底价）

游戏规则：竞买人一经应价，不得撤回，当其他竞买人有更高应价时，其竞价即丧失约束力；竞买人的最高应价经拍卖师落槌或以其他公开表示买定的方式确认后，拍卖成交；每次加价不得低于预先规定的加价幅度，否则叫价无效。

（资料来源：张卫东.市场营销理论与实践［M］.北京：电子工业出版社，2011）

4. 实训过程与步骤

（1）每个企业受领实训任务；
（2）必要的理论引导和疑难解答；
（3）实时的现场控制；
（4）任务完成时的实训绩效评价。

5. 实训绩效

_____实训报告
第_____次市场营销实训

实训项目：_____
实训名称：_____
实训导师姓名：_____；职称（位）：_____；单位：校内□ 校外□
实训学生姓名：_____；专业：_____；班级：_____
实训学期：_____；实训时间：_____；实训地点：_____
实训测评：

评价项目	教师评价	得分	学生自评	得分
任务理解（20分）				
情景设置（20分）				
操作步骤（20分）				
任务完成（20分）				
训练总结（20分）				

教师评价得分：_____ 学生自评得分：_____ 综合评价得分：_____
实训总结：
获得的经验：_____
_____
存在的问题：_____
_____
提出的建议：_____
_____

第八章 分销策略实训

实训目标：

(1) 深入理解和应用分销渠道的内涵和类型。
(2) 深入理解和应用分销渠道选择的影响因素和原则。
(3) 深入理解和应用分销策略制定。
(4) 深入理解和应用分销渠道管理。

模块 A 引入案例

娃哈哈：渠道的成功与困惑

杭州娃哈哈集团有限公司是目前中国最大的食品饮料生产企业，在全国 23 个省、市、区建有 60 多家合资控股、参股公司，在全国除我国台湾地区外的所有省、自治区、直辖市均建立了销售分支机构，拥有员工近 2 万名，总资产达 66 亿元。娃哈哈公司主要从事食品饮料的开发、生产和销售，已形成年产饮料 600 万吨的生产能力及与之相配套的制罐、制瓶、制盖等辅助生产能力，主要生产含乳饮料、瓶装水、碳酸饮料、茶饮料、果汁饮料、罐头食品、医药保健品七大类 50 多个品种的产品。2003 年，娃哈哈公司营业收入突破 100 亿元大关，成为全球第五大饮料生产企业，仅次于可口可乐、百事可乐、吉百利、柯特 4 家跨国公司。自 1998 年以来，娃哈哈公司在资产规模、产量、销售收入、利润、利税等指标上一直位居中国饮料行业首位。

娃哈哈公司的产品并没有很高的技术含量，其市场业绩的取得和它对渠道的有效管理密不可分。娃哈哈公司在 31 个省市选择了 1000 多家能控制一方的经销商，组成了几乎覆盖中国每一个乡镇的联合销售体系，形成了强大的销售网络。娃哈哈公司非常注重对经销商的促销努力，娃哈哈公司会根据一定阶段内的市场变动、竞争对手的行为以及自身产品的配备而推出各种各样的促销政策。针对经销商的促销政策，既可以激发其积极性，又保证了各层销售商的利润，因而可以做到促进销售而不扰乱整个市场的价格体系。娃哈哈公司对经销商的激励采取的是返利激励和间接激励相结合的全面激励制度。娃哈哈公司通过帮助经销商进行销售管理，提高销售效率来激发经销商的积极性。娃哈哈公司各区域分公司都有专业人员指导经销商，参与具体销售工作；各分公司派人帮助经销商管理铺货、理货以及广告促销等业务。

娃哈哈公司的经销商分布在 31 个省、市、区，为了对其行为实行有效控制，娃哈哈公司采取了保证金的形式，要求经销商先交预付款，对于按时结清货款的经销商，娃哈哈公司偿还保证金并支付高于银行同期存款利率的利息。娃哈哈公司总裁宗庆后认为："经销商先交预付款的意义是次要的，更重要的是维护一种厂商之间独特的信用关系。我们要经销商先付款再发货，但我给他利息，让他的利益不受损失，每年还返利给他们。这样，我的流动资金十分充裕，没有坏账，双方都得了利，实现了双赢。娃哈哈的联销体以资金实力、经营能力为保证，以互信互助为前提，以共同受益为目标指向，具有持久的市场渗透力和控制力，并能大大激发经销商的积极性和责任感。"

为了从价格体系上控制窜货，娃哈哈公司实行级差价格体系管理制度。根据区域的不同情况，制定总经销价、一批价、二批价、三批价和零售价，使每一层次、每一环节的渠道成员都取得相应的利润，保证了有序的利益分配。

同时，娃哈哈公司与经销商签订的合同中严格限定了销售区域，将经销商的销售活动限制在公司根据市场细分战略划定的市场区域范围之内。娃哈哈公司发往每个细分区域市场的产品都在包装上打上编号，编号和出厂日期印在一起，根本不能被撕掉或更改，借以准确监控产品去向。娃哈哈公司专门成立了一个反窜货机构，全国巡回严厉稽查，保护各地经销商的利益。娃哈哈公司的反窜货人员经常巡察各地市场，一旦发现问题马上会同企业相关部门及时解决。娃哈哈公司总裁宗庆后及各地的营销经理也时常到市场检查，一旦发现产品编号与地区不符，便严令彻底追查，同时按合同条款严肃处理。娃哈哈公司奖罚制度严明，一旦发现跨区销售行为将扣除经销商的保证金以支付违约损失，情节严重的将取消其经销资格。

娃哈哈公司系统、全面、科学的激励和奖惩严明的渠道政策有效地管理了全国上千家经销商的销售行为，为全国范围内庞大渠道网络的正常运转提供了保证。凭借其"蛛网"般的渠道网络，娃哈哈公司的含乳饮料、瓶装水、茶饮料销售到了全国的各个角落。2004年2月，娃哈哈公司新产品"激活"诞生，3月初铺货上架，从大卖场、超市到娱乐场所、学校和其他的一些传统的批发零售渠道，"激活"出现在了它能够出现的一切地方。娃哈哈公司将其渠道网络优势运用得淋漓尽致，确保了"激活"在迅速推出的同时尽快形成规模优势。

面对可口可乐、百事可乐和康师傅、统一的全面进攻，娃哈哈公司大胆创新，尝试大力开展销售终端的启动工作，从农村走入城市。娃哈哈公司总裁宗庆后认为，目前形势下饮料企业的渠道思路主要有三种：一是可口可乐、百事可乐的直营思路，主要做终端；二是健力宝的批发市场模式；三就是娃哈哈公司的联销体思路。娃哈哈公司在品牌、资金方面不占优势，关键就要扬长避短，尽可能地发挥自己的优势，而抑制对方的长处。娃哈哈公司推出非常可乐，从上市之初就没有正面与可口可乐、百事可乐展开竞争，而是瞄准了中西部市场和广大农村市场，通过错位竞争，借助于强大的营销网络布局，把自己的非常可乐输送到中国的每一个乡村与角落地带，利用"农村包围城市"的战略在中国碳酸饮料市场占据了一席之地。

有学者将娃哈哈公司的成功模式归结为"三个一"即"一点，一网，一力"。"一点"指的是娃哈哈公司的广告促销点，"一网"指的是娃哈哈公司精心打造的销售网，"一力"指的是经营经销商的能力。"三个一"的运作流程是：首先通过强力广告推新产品，以广告轰炸把市场冲开，形成销售的预期；其次通过严格的价差体系做销售网，通过明确的价差使经销商获得第一层利润；最后常年推出各种各样的促销政策，将企业的一部分利润通过日常促销与年终返利让渡给经营经销商。但这种模式也存在着问题：当广告越来越强调促销的时候，产品就会变成"没有文化"的功能产品，而不是像可口可乐那样成为"文化产品"，结果会造成广告与产品之间的刚性循环。广告要越来越精确地找到"卖点"，产品要越来越多地突出功能，结果必然是广告的量要越来越大，或者是产品的功能要出新意，才能保证销量。

（资料来源：http：//course.shufe.edu.cn/course/marketing/allanli/wahaha.htm）

案例思考：

（1）娃哈哈公司为了实现有效的渠道网络管理采取了哪些措施？
（2）娃哈哈公司的渠道网络管理取得了什么样的效果？
（3）你认为娃哈哈公司现有渠道模式的主要问题在什么地方？
（4）娃哈哈公司现有渠道模式与同行相比有什么差异和特色？
（5）娃哈哈公司应当如何完善其渠道建设？

模块 B 基础理论概要

一、渠道的内涵

菲利普·科特勒关于营销渠道（Marketing Channel）的定义是：营销渠道是指某种货物或劳务从生产者向消费者移动时，取得这种货物或劳务所有权或帮助转移其所有权的所有企业或个人。简单地说，营销渠道就是商品和服务从生产者向消费者转移过程的具体通道或路径。

菲利普·科特勒关于分销渠道（Distribution Channel）的定义是：一条分销渠道是指某种货物或劳务从生产者向消费者移动时取得这种货物或劳务的所有权或帮助转移其所有权的所有企业和个人。因此，一条分销渠道主要包括商人中间商（因为他们取得所有权）和代理中间商（因为他们帮助转移所有权）。此外，分销渠道还包括作为分销渠道的起点和终点的生产者和消费者，但是不包括供应商、辅助商等。

菲利普·科特勒认为，市场营销渠道和分销渠道是两个不同的概念。一条市场营销渠道是指那些配合起来生产、分销和消费某一生产者的某些货物或劳务的一整套所有企业和个人。这就是说，一条市场营销渠道包括某种产品的供产销过程中所有的企业和个人，如资源供应商（Suppliers）、生产者（Producer）、商人中间商（Merchant Middleman）、代理中间商（Agent Middleman）、辅助商（Facilitators）（如运输企业、公共货栈、广告代理商、市场研究机构等）以及最后的消费者或用户（Ultimate Consumer or Users）等。

二、分销渠道结构

分销渠道由五种流程构成,即实体流程、所有权流程、付款流程、信息流程及促销流程。

(一) 实体流程

实体流程是指实体原料及成品从制造商转移到最终顾客的过程。

(二) 所有权流程

所有权流程是指货物所有权从一个市场营销机构到另一个市场营销机构的转移过程。其一般流程为供应商→制造商→代理商→顾客。

(三) 付款流程

付款流程是指货款在各市场营销中间机构之间的流动过程。

(四) 信息流程

信息流程是指在市场营销渠道中,各市场营销中间机构相互传递信息的过程。

(五) 促销流程

促销流程是指由一单位运用广告、人员推销、公共关系、促销等活动对另一单位施加影响的过程。

三、分销渠道类型

(一) 直接渠道与间接渠道

按流通环节的多少可将分销渠道划分为直接渠道与间接渠道,间接渠道又分为短渠道与长渠道。直接渠道与间接渠道的区别在于有无中间商。

1. 直接渠道

直接渠道指生产企业不通过中间商环节,直接将产品销售给消费者。直接渠道是工业品分销的主要类型。例如,大型设备、专用工具及技术复杂需要提供专门服务的产品,都采用直接分销。消费品中有部分商品也采用直接分销类型,如鲜活商品等。

2. 间接渠道

间接渠道指生产企业通过中间商环节把产品传送到消费者手中。间接分销渠道是消费品分销的主要类型,工业品中有许多产品如化妆品等都采用间接分销类型。

(二) 长短渠道

分销渠道的长短一般是按通过流通环节的多少来划分,具体包括以下四层:

1. 零级渠道

制造商→消费者。

2. 一级渠道(MRC)

制造商→零售商→消费者。

3. 二级渠道

制造商→批发商→零售商→消费者或者是制造商→代理商→零售商→消费者，多见于消费品分销。

4. 三级渠道

制造商→代理商→批发商→零售商→消费者。

可见，零级渠道最短，三级渠道最长。

（三）宽窄渠道

渠道宽窄取决于在渠道的每个环节中使用同类型中间商数目的多少。企业使用的同类中间商多，产品在市场上的分销面广，称为宽渠道。例如，一般的日用消费品（毛巾、牙刷、开水瓶等），由多家批发商经销，又转卖给更多的零售商，能大量接触消费者，大批量地销售产品。企业使用的同类中间商少，分销渠道窄，称为窄渠道，一般适用于专业性强的产品或贵重耐用的消费品，由一家中间商统包，几家经销。窄渠道使生产企业容易控制分销，但市场分销面受到限制。

（四）单渠道和多渠道

当企业全部产品都由自己直接所设门市部销售或全部交给批发商经销，称之为单渠道。多渠道则可能是在本地采用直接渠道，在外地则采用间接渠道；在有些地区独家经销，在另一些地区多家分销；对消费品市场用长渠道，对生产资料市场则采用短渠道。

渠道的宽度和长度如图 8-1 所示：

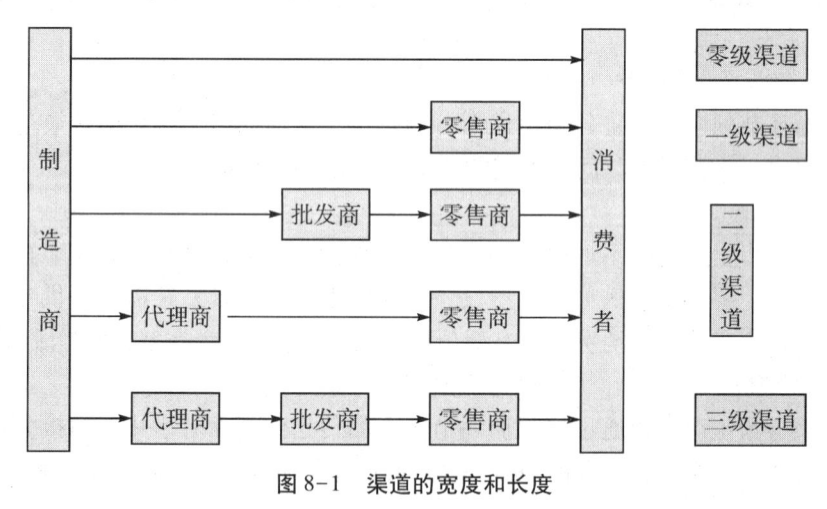

图 8-1 渠道的宽度和长度

四、影响分销渠道选择的因素

影响分销渠道选择的因素很多。生产企业在选择分销渠道时，必须对下列几方面的因素进行系统的分析和判断，才能做出合理的选择。

(一) 产品因素

1. 产品价格

一般来说,产品单价越高,越应注意减少流通环节,否则会造成销售价格的提高,从而影响销路,这对生产企业和消费者都不利。而单价较低、市场较广的产品,则通常采用多环节的间接分销渠道。

2. 产品的体积和重量

产品的体积大小和轻重,直接影响运输和储存等销售费用,过重的或体积大的产品,应尽可能选择最短的分销渠道。小而轻且数量大的产品,则可考虑采取间接分销渠道。

3. 产品的易毁性或易腐性

产品有效期短,储存条件要求高或不易多次搬运的,应采取较短的分销途径,尽快送到消费者手中,如鲜活品、危险品。

4. 产品的技术性

有些产品具有很高的技术性,或需要经常的技术服务与维修,应以生产企业直接销售给用户为好,这样可以保证向用户提供及时良好的销售技术服务。

5. 定制品和标准品

定制品一般由产需双方直接商讨规格、质量、式样等技术条件,不宜经由中间商销售。标准品具有明确的质量标准、规格和式样,分销渠道可长可短,有的用户分散,宜由中间商间接销售;有的则可按样本或产品目录直接销售。

6. 新产品

为尽快把新产品投入市场,扩大销路,生产企业一般重视组织自己的推销队伍,直接与消费者见面,推介新产品和收集用户意见。如能取得与中间商的良好合作,也可考虑采用间接销售形式。

(二) 市场因素

1. 购买批量大小

购买批量大,多采用直接销售;购买批量小,除通过自设门市部出售外,多采用间接销售。

2. 消费者的分布

某些商品消费地区分布比较集中,适合直接销售;反之,则适合间接销售。工业品销售中,本地用户产需联系方便,因而适合直接销售;外地用户较为分散,通过间接销售较为合适。

3. 潜在顾客的数量

若消费者的潜在需求多,市场范围大,需要中间商提供服务来满足消费者的需求,宜选择间接分销渠道;若潜在需求少,市场范围小,生产企业可直接销售。

4. 消费者的购买习惯

有的消费者喜欢直接到企业买商品,有的消费者喜欢到商店买商品。因此,生产企业应既直接销售,又间接销售,满足不同消费者的需求,也增加了产品的销售量。

(三) 生产企业本身的因素

1. 资金能力

企业本身资金实力雄厚，则可自由选择分销渠道，可建立自己的销售网点，采用产销合一的经营方式，也可以选择间接分销渠道。企业资金实力薄弱则必须依赖中间商进行销售和提供服务，只能选择间接分销渠道。

2. 销售能力

生产企业在销售力量、储存能力和销售经验等方面具备较好的条件，则应选择直接分销渠道；反之，则必须借助中间商，选择间接分销渠道。另外，企业如能和中间商进行良好的合作，或对中间商能进行有效地控制，则可选择间接分销渠道。若中间商不能很好的合作或不可靠，将影响产品的市场开拓和经济效益，则不如进行直接销售。

3. 可能提供的服务水平

中间商通常希望生产企业能尽多地提供广告、展览、修理、培训等服务项目，为销售产品创造条件。若生产企业无意或无力满足这方面的要求，就难以达成协议，迫使生产企业自行销售；反之，提供的服务水平高，中间商则乐于销售该产品，生产企业则选择间接分销渠道。

4. 发货限额

生产企业为了合理安排生产，会对某些产品规定发货限额。发货限额高，有利于直接销售；发货限额低，则有利于间接销售。

(四) 政策规定

企业选择分销渠道必须符合国家有关政策和法令的规定。某些按国家政策应严格管理的商品或计划分配的商品，企业无权自销和自行委托销售；某些商品在完成国家指令性计划任务后，企业可按规定比例自销，如专卖制度（如烟）、专控商品（控制社会集团购买力的少数商品）。另外，税收政策、价格政策、出口法规、商品检验规定等也都影响分销途径的选择。

(五) 经济收益

不同分销途径经济收益的大小也是影响选择分销渠道的一个重要因素。对于经济收益的分析，主要考虑的是成本、利润和销售量三个方面的因素。具体分析如下：

1. 销售费用

销售费用是指产品在销售过程中发生的费用，包括包装费、运输费、广告宣传费、陈列展览费、销售机构经费、代销网点和代销人员手续费、产品销售后的服务支出等。一般情况下，减少流通环节可降低销售费用，但减少流通环节的程度要综合考虑，做到既节约销售费用，又有利于生产发展和体现经济合理的要求。

2. 价格分析

（1）在价格相同条件下，进行经济效益的比较。通常，许多生产企业都以同一价格将产品销售给中间商或最终消费者，若直接销售量等于或小于间接销售量时，由于生产企业直接销售时要多占用资金,增加销售费用,所以间接销售的经济收益高,对企业有利;若直接销售量大于间接销售量,而且所增加的销售利润大于所增加的销售费用,则选择直接销售有利。

(2) 当价格不同时,进行经济效益的比较。这种情况下主要考虑销售量的影响,若销售量相等,直接销售多采用零售价格,价格高,但支付的销售费用也多。间接销售采用出厂价,价格低,但支付的销售费用也少。究竟选择什么样的分销渠道可以通过计算两种分销渠道的盈亏临界点作为选择的依据。当销售量大于盈亏临界点的数量,选择直接分销渠道;反之,则选择间接分销渠道。在销售量不同时,要分别计算直接分销渠道和间接分销渠道的利润,并进行比较,一般选择获利的分销渠道。

(六) 中间商特性

各类各家中间商实力、特点不同,如广告、运输、储存、信用、训练人员、送货频率方面具有不同的特点,从而影响生产企业对分销渠道的选择。

1. 中间商的数目不同的影响

根据中间商的数目多少的不同,可选择密集分销、选择性分销、独家分销。

(1) 密集式分销指生产企业同时选择较多的经销代理商销售产品。一般来说,日用品多采用这种分销形式。工业品中的一般原材料、小工具、标准件等也可用此分销形式。

(2) 选择性分销指在同一目标市场上,选择一个以上的中间商销售企业产品,而不是选择所有愿意经销本企业产品的所有中间商。这样有利于提高企业经营效益。一般来说,消费品中的选购品、特殊品,工业品中的零配件宜采用此分销形式。

(3) 独家分销指企业在某一目标市场,在一定时间内,只选择一个中间商销售本企业的产品,双方签订合同,规定中间商不得经营竞争者的产品,制造商则只对选定的经销商供货。一般来说,此分销形式适用于消费品中的家用电器和工业品中的专用机械设备。这种形式有利于双方协作,以便更好地控制市场。

2. 消费者的购买数量

如果消费者购买数量小、次数多,可采用长渠道;反之,如果消费者购买数量大、次数少,则可采用短渠道。

3. 竞争者状况

当市场竞争不激烈时,可采用同竞争者类似的分销渠道;反之,则采用与竞争者不同的分销渠道。

五、分销渠道选择的原则

分销渠道管理人员在选择具体的分销渠道模式时,无论出于何种考虑,从何处着手,一般都要遵循以下原则:

(一) 畅通高效

这是渠道选择的首要原则。任何正确的渠道决策都应符合物流畅通、经济高效的要求。商品的流通时间、流通速度、流通费用是衡量分销效率的重要标志。畅通的分销渠道应以消费者需求为导向，将产品尽快、尽好、尽早地通过最短的路线，以尽可能优惠的价格送达消费者方便购买的地点。畅通高效的分销渠道模式不仅要让消费者在适当的地点、时间以合理的价格买到满意的商品，而且应努力提高企业的分销效率，争取降低分销费用，以尽可能低的分销成本，获得最大的经济效益，赢得竞争的时间和价格优势。

（二）覆盖适度

企业在选择分销渠道模式时，仅仅考虑加快速度、降低费用是不够的。还应考虑及时准确地送达的商品能不能销售出去，是否有较高的市场占有率足以覆盖目标市场。因此，不能一味强调降低分销成本，这样可能导致销售量下降、市场覆盖率不足的后果。成本的降低应是规模效应和速度效应的结果。在分销渠道模式的选择中，也应避免扩张过度、分布范围过广，以免造成沟通和服务的困难，导致无法控制和管理目标市场。

（三）稳定可控

企业的分销渠道模式一经确定，便需花费相当大的人力、物力、财力去建立和巩固，整个过程往往是复杂而缓慢的。因此，企业一般轻易不会更换渠道成员，更不会随意转换渠道模式。只有保持渠道的相对稳定，才能进一步提高渠道的效益。畅通有序、覆盖适度是分销渠道稳固的基础。

由于影响分销渠道的各个因素总是在不断变化，一些原来固有的分销渠道难免会出现某些不合理的问题，这时就需要分销渠道具有一定的调整功能，以适应市场的新情况、新变化，保持渠道的适应力和生命力。调整时应综合考虑各个因素的协调，使渠道始终都在可控制的范围内保持基本的稳定状态。

（四）协调平衡

企业在选择、管理分销渠道时，不能只追求自身的效益最大化而忽略其他渠道成员的局部利益，应合理分配各个成员间的利益。

渠道成员之间的合作、冲突、竞争的关系，要求渠道的领导者对此有一定的控制能力——统一、协调、有效地引导渠道成员充分合作，鼓励渠道成员之间有益的竞争，减少冲突发生的可能性，解决矛盾，确保总体目标的实现。

（五）发挥优势

企业在选择分销渠道模式时为了争取在竞争中处于优势地位，要注意发挥自己各个方面的优势，将分销渠道模式的设计与企业的产品策略、价格策略、促销策略结合起来，增强营销组合的整体优势。

六、分销策略

企业根据终端销售点密度决策的任务，根据自身和市场环境的现状和变化趋势，可采取不同的密度方案。

（一）密集分销策略

在密集分销中，凡是符合生产商的最低信用标准的渠道成员都可以参与其产品或服务的分销。密集分销意味着渠道成员之间的激烈竞争和很高的产品市场覆盖率。密集式分销最适用于便利品。密集分销通过最大限度地便利消费者而推动销售的提升。采用这种策略有利于广泛占领市场，便利购买，及时销售产品。而其不足之处是在密集分销中能够提供服务的经销商数目总是有限的。生产商有时得对经销商的培训、分销支持系统、交易沟通网络等进行评价以便及时发现其中的障碍。而在某一市场区域内，经销商之间的竞争会造成销售努力的浪费。由于密集分销加剧了经销商之间的竞争，经销商们对生产商的忠诚度便降低了，价格竞争激烈了，而且经销商也不再愿意更好地接待客户了。

（二）选择分销策略

选择分销策略是指生产企业在特定的市场选择一部分中间商来推销本企业的产品。采用这种策略，生产企业不必花太多的精力联系为数众多的中间商，而且便于与中间商建立良好的合作关系，还可以使生产企业获得适当的市场覆盖面。与密集分销策略相比，采用这种策略具有较强的控制力，成本也较低。选择分销中的常见问题是如何确定经销商区域重叠的程度。在选择分销中重叠的量决定着在某一给定区域内选择分销和密集分销所接近的程度。虽然市场重叠率会方便顾客的选购，但也会在零售商之间造成一些冲突。低重叠率会增加经销商的忠诚度，但也降低了顾客的方便性。

（三）独家分销策略

独家分销策略是指生产企业在一定地区、一定时间只选择一家中间商销售自己的产品。独家分销的特点是竞争程度低。一般情况下，只有当公司想要与中间商建立长久而密切的关系时才会使用独家分销。因为独家分销比其他任何形式的分销更需要企业与经销商之间更多的联合与合作，其成功是相互依存的。独家分销比较适用于服务水平要求较高的专业产品。

独家分销使经销商们得到庇护，即避免了与其他竞争对手作战的风险，独家分销还可以使经销商无所顾忌地增加销售开支和人员以扩大自己的业务，不必担心生产企业会另选他人。而且采用这种策略，生产商能在中间商的销售价格、促销活动、信用和各种服务方面有较强的控制力，从事独家分销的生产商还期望通过这种形式取得经销商强有力的销售支持。

独家分销的不足之处主要是由于缺乏竞争会导致经销商力量减弱，而且对顾客来说也不方便。独家分销会使经销商认为可以支配顾客，因为在市场中经销商占据了垄断性位置；对于顾客来说，独家分销可能使他们在购买地点的选择上感到不方便。采用独家分销，通常双方要签订协议，在一定的地区、时间内，规定经销商不得再经销其他竞争者的产品，生产商也不得再找其他中间商经销该产品。

七、渠道管理

渠道管理是指制造商为实现公司分销的目标而对现有渠道进行管理，以确保渠道成员间、公司和渠道成员间相互协调和合作的一切活动，其意义在于共同谋求最大化的长远利益。渠道管理分为选择渠道成员、激励渠道、评估渠道、修改渠道决策、退出渠道。生产厂家可以对其分销渠道实行两种不同程度的控制，即绝对控制和低度控制。渠道管理工作包括：

对经销商的供货管理，保证供货及时，在此基础上帮助经销商建立并理顺销售子网，分散销售及库存压力，加快商品的流通速度。

加强对经销商广告、促销的支持，减少商品流通阻力；提高商品的销售力，促进销售；提高资金利用率，使之成为经销商的重要利润源。

对经销商负责，在保证供应的基础上，对经销商提供产品服务的支持。妥善处理销售过程中出现的产品损坏变质、顾客投诉、顾客退货等问题，切实保障经销商的利益不受无谓的损害。

加强对经销商的订货处理管理，减少因订货处理环节中出现的失误而引起发货不畅。

加强对经销商订货的结算管理，规避结算风险，保障制造商的利益。同时，避免经销商利用结算便利制造市场混乱。

其他管理工作包括对经销商进行培训，增强经销商对公司理念、价值观的认同以及对产品知识的认识。还要负责协调制造商与经销商之间、经销商与经销商之间的关系，尤其对于一些突发事件，如价格涨落、产品竞争、产品滞销以及周边市场冲击或低价倾销等扰乱市场的问题，要以协作、协商的方式为主，以理服人，及时帮助经销商消除顾虑，平衡心态，引导和支持经销商向有利于产品营销的方向转变。

模块 C　营销技能实训

实训项目 1：情景模拟训练——手机企业转型

1. 实训目标

（1）通过训练提升分销渠道选择影响因素的分销能力；

（2）通过训练提升制定和实施分销策略的能力。

2. 实训情景设置

（1）按模拟企业分组进行；

（2）每个企业模拟不同的分销渠道情况；

（3）一个企业在模拟市场情况时，由其他企业模拟竞争者的反应。

3. 实训内容

某有限公司成立于 1992 年，最早以生产寻呼机出名。随着寻呼机业务的逐渐衰退，1999 年该公司选择了手机作为转型产品。2000 年，为了开拓国产手机市场，该公司自建了一个庞大的手机销售服务网络，在全国范围内设立了 28 个分公司、300 多个办事处。这种垂直渠道销售模式使得 A 品牌手机 2001 年的销量达到了 246 万台。该公司很快占领了全国市场并提高了知名度。但是，该公司销售网络的扩张也花掉了巨额的销售费用，再加上 2001 年 A 品牌以销售中低端手机为主，销量虽然很大，但是利润回报却比较低。在经历了几年的微利、困苦经营后，2006 年该公司做出重大战略调整，决定进军高端手机领域，提高 A 品牌手机的品牌价值。该公司总经理多次找营销部经理讨论有关销售渠道问题，其中问题的关键是：原有的延伸到县级区域的销售网络并不能直接应用于高端手机的销售，需要对现有的销售网络进行改造。

如果你是营销部经理，你将采用什么方法或方案让现有的销售网络支持 A 品牌今后进军高端手机市场？

（资料来源：王瑶. 市场营销基础实训与指导［M］. 北京：中国经济出版社，2009）

4. 实训过程与步骤

（1）每个企业受领实训任务；
（2）必要的理论引导和疑难解答；
（3）实时的现场控制；
（4）任务完成时的实训绩效评价。

5. 实训绩效

_____实训报告

第_____次市场营销实训

实训项目：_____
实训名称：_____
实训导师姓名：_____；职称（位）：_____；单位：校内□ 校外□
实训学生姓名：_____；专业：_____；班级：_____
实训学期：_____；实训时间：_____；实训地点：_____
实训测评：

评价项目	教师评价	得分	学生自评	得分
任务理解（20分）				
情景设置（20分）				
操作步骤（20分）				
任务完成（20分）				
训练总结（20分）				

教师评价得分：_____ 学生自评得分：_____ 综合评价得分：_____
实训总结：
获得的经验：_____

存在的问题：_____

提出的建议：_____

实训项目 2：方案策划训练——销售代理协议书设计训练

1. 实训目标

（1）能认识并实现组织分工与团队合作；

（2）能撰写出符合格式要求的销售代理协议书；

（3）能整理总结出销售代理协议书设计课题分析报告；

（4）能用口头清晰地表达出销售代理协议书设计实训心得。

2. 实训情景设置

（1）按模拟企业分组进行；

（2）每个企业模拟不同的分销渠道情况；

（3）一个企业在模拟市场情况时，由其他企业模拟竞争者的反应。

3. 实训内容

HB 婴童用品有限公司拟通过销售代理方式开拓我国北方市场。公司希望在北方市场寻求一个销售代理伙伴，总代理公司 HB 品牌婴童用品。很快，石家庄市 PLBB 婴童用品连锁超市有限公司应征合作。为明确企业与总代理商的权利与义务，切实保障各自的权益，HB 公司拟与石家庄市 PLBB 婴童用品连锁超市有限公司签订一份销售代理协议书，合作期限暂定为 1 年，自 2014 年 7 月 1 日到 2015 年 6 月 30 日。协议约定，若合作成功，公司将续签两年合作合同。

根据以上背景资料，各模拟企业为 HB 婴童用品有限公司拟订一份销售代理协议书。

（资料来源：罗绍明，等. 市场营销实训教程 [M]. 北京：对外经济贸易大学出版社，2010）

4. 实训过程与步骤

（1）每个企业受领实训任务；

（2）必要的理论引导和疑难解答；

（3）实时的现场控制；

（4）任务完成时的实训绩效评价。

5. 实训绩效

```
_____实训报告
第_____次市场营销实训
实训项目：_____
实训名称：_____
实训导师姓名：_____；职称（位）：_____；单位：校内□ 校外□
实训学生姓名：_____；专业：_____；班级：_____
实训学期：_____；实训时间：_____；实训地点：_____
实训测评：
```

评价项目	教师评价	得分	学生自评	得分
任务理解（20分）				
情景设置（20分）				
操作步骤（20分）				
任务完成（20分）				
训练总结（20分）				

```
教师评价得分：_____  学生自评得分：_____  综合评价得分：_____
实训总结：
获得的经验：_____
_____
存在的问题：_____
_____
提出的建议：_____
```

实训项目3：情景模拟训练——渠道的烦恼

1. 实训目标

（1）通过训练提升分销渠道选择影响因素的分销能力；

（2）通过训练提升制定和实施分销策略的能力；

（3）通过训练提升分销渠道管理的能力。

2. 实训情景设置

（1）按模拟企业分组进行；

（2）每个企业模拟不同的分销渠道情况；

（3）一个企业在模拟市场情况时，由其他企业模拟竞争者的反应。

3. 实训内容

某公司向所有中间商供货时均采取统一的供货政策，销售业绩较为稳定。最近由于竞争加剧，公司30%的大客户停止或减少订货。请分析，该公司近来销售中可能出现了什么问题？产生这一问题的主要原因是什么？公司销售工作管理的重点是什么？

公司应如何恢复销售业绩？

（资料来源：张卫东. 市场营销理论与实践［M］. 北京：电子工业出版社，2011）

4. 实训过程与步骤

（1）每个企业受领实训任务；

（2）必要的理论引导和疑难解答；

（3）实时的现场控制；

（4）任务完成时的实训绩效评价。

5. 实训绩效

_____实训报告
第_____次市场营销实训

实训项目：_____

实训名称：_____

实训导师姓名：_____；职称（位）：_____；单位：校内□ 校外□

实训学生姓名：_____；专业：_____；班级：_____

实训学期：_____；实训时间：_____；实训地点：_____

实训测评：

评价项目	教师评价	得分	学生自评	得分
任务理解（20分）				
情景设置（20分）				
操作步骤（20分）				
任务完成（20分）				
训练总结（20分）				

教师评价得分：_____ 学生自评得分：_____ 综合评价得分：_____

实训总结：

获得的经验：_____

_____

存在的问题：_____

_____

提出的建议：_____

_____

第九章 促销策略实训

实训目标：

（1）深入理解和应用促销的内涵和作用。
（2）深入理解和应用促销策略的制定与选择。
（3）深入理解和应用促销的方法与手段。

模块 A 引入案例

2013年"光棍节"淘宝网促销活动

从2009年至今，每年一次"双十一"逐渐成为中国电子商务行业乃至全社会关注的年度盛事。淘宝网官方数据显示，2009年11月11日发起"品牌商品五折"活动，当天销售额1亿元；2010年同一天，销售额为9.36亿元，2011年的"双十一"，成交额飙升至52亿元；2012年，天猫商城"双十一"实现191亿元的成交额。2013年11月12日，阿里巴巴集团提供实时数据显示，截至11月11日24时，"双十一"网购狂欢节支付宝交易额（主要为天猫商城加淘宝网）突破350.19亿元，打破了阿里巴巴集团董事局主席马云此前300亿元的预期。

阿里巴巴集团数据显示，2013年11月11日零时，天猫、淘宝"网购狂欢节"开场，55秒后，活动通过支付宝交易额便突破1亿元；6分7秒，交易额突破10亿元，超过我国香港特别行政区9月份日均社会零售总额；13分22秒，交额超过20亿元；38分钟后，交易额达到50亿元；凌晨5点49分，交易额突破100亿元；13点04分，交易额突破191亿元，超越2012年；13点39分，交易额突破200亿元；21点19分，交易额突破300亿元；24点，交易额达到350.19亿元。数据还显示，截至当天20点30分，有14个店铺交易额破亿元。

据介绍，11月11日当天有1万个天猫品牌店，300万件活动商品上线，商品全场五折。在此基础上，天猫联合1500多个品牌商家发放针对"双十一"当天使用的百亿元优惠券；提前充支付宝，就有机会充300抢150，充150抢50；还有"喵星球"游戏抢红包，淘宝、聚划算和一淘送的红包，各种现金红包加起来近亿元。

如果你还在叫嚷着钱不够花，这份从天猫商城独家获得的"双十一购物狂欢节全攻略"也许可以帮到你。据称，有此宝典在手，1元钱能当1美元花。不过，天猫人士提醒，在此之前记得支付宝提前充好值。

10月15日—11月11日：下订金抢占先机

这次"双十一"购物狂欢节，天猫将首次上线预售平台，周大福、李维斯、波司登、安踏等400多个品牌陆续上线预售商品，只要提前下订金，11月11日当天支付尾款，便可抄到底价商品，每天还送1588个50元"天猫红包"。

例如，市价每平方米165元的圣象地板，只需现在付10元订金，11月11日当天便可以55元的价格买到手。圣象地板承诺，如果100年之内，在任何地方找到更便宜的则100倍赔差价。

10月11日—11月11日：领优惠券享折上折

10月11日开始，1500多个"双十一购物狂欢节"核心商家，开始在天猫网派发总额达百亿元的优惠券。这些商家包括阿迪达斯、飞利浦、海尔、优衣库等品牌，优惠券金额为5~100元不等。拿着这些优惠券，就可以在"双十一"当天全场五折的基础上享受折上折了。

11月1日—11月8日：去"喵星球"顶红包

6月18日那次全民疯抢红包活动你参加了么？没错，抢红包活动又回来了！11月1日，"喵星球"盛大开启，点击里面任意品牌，便可顶红包。每次顶红包都有机会获得1元、5元、10元、100元"双十一"红包。当日顶满30个全新品牌，可获得赢取1111元免单红包机会，每日抽取11位获奖者，获奖名单于隔天上午11点在公告栏及天猫官方微博公布。另外，淘宝网和一淘网也有红包送，当天都可以用。

11月1日—11月10日：收藏宝贝守株待兔

"全场五折"活动仅限于11月11日当天，那么在此之前我们还能做些什么准备工作呢？11月1日起，你可以去"喵星球"里看看有哪些自己喜欢的商品，认真写个清单，衣食住行、锅碗瓢盆、家具家居、数码家电分类，记个价格，一一搜罗在购物车里，接下来就淡定地等待11号当天支付。

11月5日—11月10日：子弹上膛支付宝充好

相信前两年"双十一"的时候，不少网友有这样的经历：看好的超低价商品，明明抢到了，可关键时刻网银却"系统繁忙"。由于11月11日当天有上亿人在同时充网银，系统瘫痪的情况极有可能发生。

天猫相关负责人支招消费者，提前几天将钱充进支付宝里，到时候直接用支付宝余额支付，输个密码几秒钟就完事。为了鼓励大家提前充值，错开网银支付高峰，支付宝推出超级给力的"充300抢150，充150抢50"充值送活动，6000万元的红包等用户抢，这些红包可是真金白银，直接能当钱使用。

11月11日狂欢前夜：电脑调好人要吃饱

活动不等人，11日零点正式开抢。因此，之前这顿晚饭一定要吃饱。最好再买点干粮备着，万一到了11：30饥饿难挨，大半夜出去觅食，回来就会发现珍藏版李宁球鞋没了；饿慌了手一抖，Iphone没了。

电脑性能一定要好，网速一定要快。如果还在拨号上网，那就赶紧先买件羽绒服之类的，考虑去网吧包夜网购。

11月11日狂欢节：敞开钱包买

2013年的"双十一"正好是周日，不上班，可以尽情地扫货了！一过零点，大家迅速刷新"1111.tmall.com"页面，购物车里之前挑好的商品统统刷一遍，价格变了立马下手……

如果提前按照以上的攻略操作，淘宝账号里应该积攒了不少天猫、淘宝、一淘、支付宝的优惠券和红包，付款时能用的统统用上，千万别手软，过了"双十一"就全部作废。

另外，"双十一"当天所有商品都会踏着几个时间点上新品，即0点、9点、12点、18点、21点。很多超级划算的宝贝会在这几个时间点限量上架。

（资料来源：http://sh.bendibao.com/news/20131028/91422.shtm）

案例思考：

（1）淘宝网"双十一"活动促销有什么特色？

（2）淘宝网"双十一"活动促销策略与传统的线下促销策略有什么异同？

（3）淘宝网"双十一"活动促销具有可持续性吗？

模块B 基础理论概要

一、促销及促销策略的内涵

促销（Promotion）就是营销者向消费者传递有关本企业及产品的各种信息，说服或吸引消费者购买其产品，以达到扩大销售量的目的。促销实质上是一种沟通活动，即营销者（信息提供者或发送者）发出作为刺激消费的各种信息，把信息传递到一个或更多的目标对象（即信息接受者，如听众、观众、读者、消费者或用户等），以影响其态度和行为。常用的促销手段有广告、人员推销、网络营销、营业推广和公共关系。企业可根据实际情况及市场、产品等因素选择一种或多种促销手段的组合。

促销策略是指企业如何通过人员推销、广告、公共关系和营销推广等各种促销手段，向消费者传递产品信息，引起他们的注意和兴趣，激发他们的购买欲望和购买行为，以达到扩大销售的目的的活动。企业将合适的产品，在适当的地点、以适当的价格出售的信息传递到目标市场，一般是通过两种方式：一种方式是人员推销，即推销员和顾客面对面地进行推销；另一种方式是非人员推销，即通过大众传播媒介在同一时间向大量消费者传递信息，主要包括广告、公共关系和营销推广等多种方式。这两种推销方式各有利弊，但可起相互补充的作用。此外，目录、通告、赠品、店标、陈列、示范、展销等也都属于促销策略范围。一个好的促销策略，往往能起到多方面作用，如提供信息情况，及时引导采购；激发购买欲望，扩大产品需求；突出产品特点，建立产品形象；维持市场份额，巩固市场地位等。

二、促销的作用

（一）缩短入市的进程

使用促销手段，旨在对消费者或经销商提供短程激励。在一段时间内调动人们的购买热情，培养顾客的兴趣和使用爱好，使顾客尽快地了解产品。

（二）激励消费者初次购买

促销要求消费者或店铺的员工亲自参与，行动导向目标就是立即实施销售行为。消费者一般对新产品具有抗拒心理。由于使用新产品的初次消费成本是使用老产品的一倍（对新产品一旦不满意，还要花同样的价钱去购买老产品，这等于花了两份的价钱才得到了一个满意的产品，因此许多消费者在心理上认为买新产品代价高），消费者就不愿冒风险对新产品进行尝试。但是，促销可以让消费者降低这种风险意识，降低初次消费成本，而去接受新产品。

（三）激励再次购买

当消费者试用了产品以后，如果是基本满意的，可能会产生重复使用的意愿。但是，这种消费意愿在初期一定是不强烈的、不可靠的。如果有一个持续的促销计划，可以使消费群基本固定下来。

（四）提高销售业绩

毫无疑问，促销是一种竞争，它可以改变一些消费者的使用习惯及品牌忠诚。因受利益驱动，经销商和消费者都可能大量进货与购买。因此，在促销阶段，常常会增加消费，提高销售量。

（五）侵略与反侵略竞争

无论是企业发动市场侵略，还是市场的先入者发动反侵略，促销都是有效的应用手段。市场的侵略者可以运用促销强化市场渗透，加速市场占有。市场的反侵略者也可以运用促销针锋相对，来达到阻击竞争者的目的。

（六）带动相关产品市场

促销的第一目标是完成促销产品的销售。但是，在甲产品的促销过程中，却可以带动相关的乙产品的销售。例如，茶叶的促销可以推动茶具的销售。当卖出更多的咖啡壶的时候，咖啡的销售就会增加。在20世纪30年代的上海，美国石油公司向消费者免费赠送煤油灯，结果使其煤油的销量大增。

（七）节庆酬谢

促销可以使产品在节庆期间或企业节庆日期间锦上添花。每当例行节日到来的时候，或是企业有重大喜庆的时候（以及开业上市的时候），开展促销可以表达市场主体对广大消费者的一种酬谢和联庆。

三、促销策略

根据促销手段的出发点与作用的不同,促销策略可分为推式策略和拉式策略。

（一）推式策略

推式策略,即以直接方式,运用人员推销手段,把产品推向销售渠道,其作用过程为企业的推销员把产品或劳务推荐给批发商,再由批发商推荐给零售商,最后由零售商推荐给最终消费者。

该策略适合的情况如下：

第一,企业经营规模小或无足够资金用以执行完善的广告计划。

第二,市场较集中,分销渠道短,销售队伍大。

第三,产品具有很高的单位价值,如特殊品、选购品等。

第四,产品的使用、维修、保养方法需要进行示范。

人员促销是指企业派出推销人员直接与顾客接触、洽谈、宣传商品,以达到促进销售目的的活动过程。人员促销既是一种渠道方式,也是一种促销方式。人员促销的特点如下：

1. 人员促销具有很大的灵活性

在推销过程中,买卖双方当面洽谈,易于形成一种直接而友好的相互关系。通过交谈和观察,推销员可以掌握顾客的购买动机,有针对性地从某个侧面介绍商品特点和功能,抓住有利时机促成交易；可以根据顾客的态度和特点,有针对性地采取必要的协调行动,满足顾客需要；可以及时发现问题,进行解释,解除顾客的疑虑,使顾客产生信任感。

2. 人员促销具有选择性和针对性

在每次推销之前,可以针对具有较大购买可能的顾客进行推销,并有针对性地对未来的顾客进行一番研究,拟订具体的推销方案、策略、技巧等,以提高推销成功率。这是广告所不能及的,广告促销往往包括许多非可能性顾客在内。

3. 人员促销具有完整性

推销人员的工作从寻找顾客开始,到接触、洽谈,最后达成交易,除此以外推销员还可以担负其他营销任务,如安装、维修、了解顾客使用后的反应等,而广告则不具有这种完整性。

4. 人员促销具有公共关系的作用

一个有经验的推销员为了达到促进销售的目的,可以使买卖双方从单纯的买卖关系发展到建立深厚的友谊,彼此信任、彼此谅解,这种感情增进有助于推销工作的开展,实际上起到了改善公共关系的作用。

（二）拉式策略

拉式策略是指采取间接方式,通过广告和公共宣传等措施吸引最终消费者,使消费者对企业的产品或劳务产生兴趣,从而引起需求,主动去购买商品。拉式策略的作用路线为企业将消费者引向零售商,将零售商引向批发商,将批发商引向生产企业。

该策略适合的情况如下：

第一，市场广大，产品多属便利品。

第二，商品信息必须以最快速度告知广大消费者。

第三，对产品的初始需求已呈现出有利的趋势，市场需求日渐上升。

第四，产品具有独特性能，与其他产品的区别显而易见。

第五，能引起消费者某种特殊情感的产品。

第六，有充分资金用于广告。

1. 广告

1948年，美国营销协会的定义委员会（AMA）形成了一个有较大影响的广告的定义：广告（Advertising）是由可确认的广告主，对其观念、商品或服务所作之任何方式付款的非人员式的陈述与推广。广告一方面适用于创立一个公司或产品的长期形象，另一方面能促进快速销售。从成本费用角度看，广告就传达给处于地域广阔而又分散的广大消费者而言，每个显露点的成本相对较低，因此是一种较为有效，并被广泛使用的沟通促销方式。

广告具有以下一些特点：

（1）公开展示性。广告是一种高度公开的信息沟通方式，使目标受众联想到标准化的产品，许多人接受相同的信息，因此购买者知道他们购买这一产品的动机是众所周知的。

（2）普及性。广告突出"广而告之"的特点，也就是普及化、大众化，销售者可以多次反复向目标受众传达这一信息，购买者可以接受和比较同类信息。

（3）艺术的表现力。广告可以借用各种形式、手段与技巧，提供将一个公司及其产品戏剧化的表现机会，增大其吸引力与说服力。

（4）非人格化。广告是非人格化的沟通方式，广告的非人格化决定在沟通效果上广告不能使目标受众直接完成行为反应。这种沟通是单向的，受众无义务去注意和反应。

2. 销售促进

销售促进（Sales Promotion，SP）又称为营业推广，是指企业运用各种短期诱因鼓励消费者和中间商购买、经销企业产品和服务的促销活动。在公司促销活动中，运用销售促进方式可以产生更为强烈、迅速的反应，快速扭转销售下降的趋势。然而，销售促进的影响常常是短期的，销售促进不适用形成产品的长期品牌偏好。

销售促进具有以下一些特点：

（1）迅速的吸引作用。销售促进可以迅速地引起消费者注意，把消费者引向购买。

（2）强烈的刺激作用。销售促进通过采用让步、诱导和赠送的办法带给消费者某些利益。

（3）明显的邀请性。销售促进以一系列更具有短期诱导性的手段，显示出邀请顾客前来与之交易的倾向。

3. 公共关系

公共关系（Public Relation）是指某一组织为改善与社会公众的关系，促进公众对组织的认识、理解及支持，达到树立良好组织形象、促进商品销售的目的的一系列公共活动。企业运用公关宣传手段也要支出一定的费用，但这与广告或其他促销工具相比较要低得多。公关宣传的独有性质决定了其在企业促销活动中的作用，如果将一个恰当的公关宣传活动同其他促销方式协调起来，可以取得极大的效果。

公共关系促销具有以下一些特点：

（1）高度可信性。新闻故事和特写比起广告来，其可信性要高得多。

（2）消除防卫。购买者对营销人员和广告或许会产生回避心理，而公关宣传是以一种隐蔽、含蓄、不直接触及商业利益的方式进行信息沟通，从而可以消除购买者的回避、防卫心理。

（3）新闻价值。公关宣传具有新闻价值，可以引起社会的良好反应，甚至产生社会轰动效果，从而有利于提高公司的知名度，促进消费者发生有利于企业的购买行为。

（三）具体促销策略

1. 反时令促销策略

一般而言，对于一些季节性商品，往往有销售淡季与旺季之分。大众消费心理是"有钱不买半年闲"，即按时令需求，缺什么买什么。商家一般也是如此，基本按时令需求供货。因此，商品在消费旺季时往往十分畅销，在消费淡季时往往滞销。但是，有些商家反其道而行之，时值暑夏，市场上原本滞销的冬令货物，如毛皮大衣、取暖电器、毛皮靴、羽绒服等在某些城市销售较好。这就是人们常说的"反时令促销"。有心计的商家常常推出换季商品甩卖之举，而消费者中不乏买者，主要目的在于获得时令差价。

2. 独次促销策略

商家对热门畅销的商品会大量进货，大做广告，不断扩大销售量，因为商家的经营原则是必须赚回能赚到的利润。但是，意大利著名的莱而商店却反其道而行之，采取的是独次销售法。这个商店对所有的商品仅出售一次就不再进货了，即使十分热销也忍痛割爱。表面上看，这家商店损失了许多唾手可得的利润，但是实际上该商店因所有商品都十分抢手而加速了商品周转，实现了更大的利润。这是因为商店抓住了顾客"物以稀为贵"的心理，给顾客造成一种强烈的印象，顾客认为该商店销售的商品都是最新的，机不可失，失不再来，切不可犹豫。因此，任何商品在这个商店一上市，就会出现抢购的场面。这一方法与国内某些商店采取的"限量销售法"有异曲同工之妙。

3. 翻耕促销策略

翻耕促销策略是指以售后服务形式招徕老顾客的促销方法。一些销售如电器、钟表、眼镜等的商店专门登记顾客的姓名和地址，然后通过专门访问或发调查表的形式了解老顾客过去在该店所购的商品有没有什么毛病、是否需要修理等，并附带介绍新商品。这样做的目的在于增加顾客对本店的好感，并使之购买相关的新商品，往往能收到奇效。这种促销方式关键在于商店具有完善的顾客管理系统，能与顾客保持经常性的深入沟通。

4. 轮番降价促销策略

轮番降价促销策略要求商家分期分批地选择一些商品作为特价商品，并制作大幅海报贴于商店内外或印成小传单散发给顾客。这些特价商品每期以三四种为限，以求薄利多销，吸引顾客，且每期商品不同，迎合顾客的好奇心理。于是，顾客来店选购特价商品外，还会顺便购买其他非特价商品。当然，特价商品利润低微，甚至没有利润，但通过促销其他商品可得到补偿。

5. 每日低价促销策略

每日低价促销策略是指商家每天推出低价商品，以吸引顾客的光顾。这一策略与主要依靠降价促销手段——扩大销售有很大不同，由于每天都是低价商品，所以是一种相对稳定的低价策略。通过这种稳定的低价使消费者对商店增加了信任，节省人力成本和广告费用，使商店在竞争中处于有利地位。值得注意的是，低价商品的价格至少要低于正常价格的10%~20%，否则不构成吸引力，便达不到促销的目的。

6. 最高价促销策略

一般而言，价格促销实际上就是降价促销，只有降低价格才能吸引消费者的注意力。但是，有些商店却打破这一经营常规。例如，某店在"全市最低价"、"大减价"、"跳楼价"等铺天盖地的广告中贴出一张与众不同的最高价广告，声称"酱鸭全市最高价：五元一斤"。这则广告说得实在、不虚假，使人感到可信，同时也含蓄地点明该店的酱鸭质量是全市首屈一指的。市民们在片刻诧异之后，很快出现了竞相购买"全市最高价"的酱鸭热潮。这种促销方式实际上也适合某些零售商店，尤其是以高收入阶层为目标顾客的商店，以商品高价满足这群人的心理满足，显示他们的身份和地位，也许也能收到一定的促销效果。

7. 对比吸引促销策略

对比吸引促销策略是指以换季甩卖、换款式甩卖、大折价等优待顾客，同时把最新、最流行的商品摆在显眼的样品架上，标价则为同类而非流行商品的两三倍。在同样货架上或货架旁两种价格对比，最能吸引顾客的注意。当顾客发现新流行的商品，一般都好奇地把它与非流行的商品做比较。好时髦者往往会看中高价的商品，讲究实际者则往往选择廉价的非流行商品。这样，对两种商品都可以起到促销作用。

8. 拍卖式促销策略

当今时代，各大商店林立，商业竞争激烈，简单、陈旧的促销方式不足以吸引更多的顾客，拍卖也就成为商店促销的一条新思路。拍卖活动要写清楚本次拍卖活动的商品名称、拍卖底价。通过拍卖卖出的商品有的高于零售价，有的低于零售价，令消费者感到很富有戏剧性。拍卖形式新鲜、有趣，但也不宜每天都搞，否则就无新鲜可言了。通常可以选择在周末、节假日等时间，那时消费者有充足的时间参加拍卖活动，才能取得好的效果。如果在平时，人们要上班，即使对拍卖有兴趣也没有足够的时间来参加。

9. 借势打力策略

借势打力策略是指借助竞争对手的某种力量，通过一定的策略将其转化为自己服务。这就像《笑傲江湖》中的吸星大法，在对手出招的时候，一定想办法把对方的优势转变成自己的优势。例如,"利脑"是一个地方性品牌,高考期临近,在"脑白金""脑轻松"等知名补脑品牌纷纷展开效果促销并请一些人现身实地说法时,"利脑"就掀起了"服用无效不付余款"的促销旋风。"利脑"作为实力弱小的品牌,在广告上无法跟大品牌打拼,而在促销上也无法进行更多的投入。因此,只有在跟进促销中进行借力打力——采取"服用一个月,成绩不提升,不付余款"的活动。这一下,因为跟大品牌在一起,并采取了特殊策略,于是就有效地解决了消费者的信任问题,也提升了知名度。

10. 击其软肋策略

在与竞争对手开战前,一定要做到"知己知彼",这样才能决胜于千里之外。实际上,竞争对手无论怎么投入资源,在整个渠道链条上都会有薄弱部分。例如,在渠道上投入过大,于是终端的投入就往往不够,如果在终端投入多了,在渠道上就往往会投入少了。在摩托罗拉为自己的新品大打广告的时候,某些国产手机则迅速组织终端拦截,在拦截中,也大打新品的招牌,并且低价进入,以此将竞争对手吸引到零售店的顾客吸引一部分到自己的柜台、专区。在竞争对手忽略终端执行的时候,这种模式是最有效的。

11. 寻找差异策略

有时候,硬打是不行的,要学会进行差异化进攻。例如,竞争对手采取价格战,本公司就进行赠品战;竞争对手采取抽奖战,本公司就进行买赠战。可口可乐公司的"酷儿"产品在北京上市时,由于产品定位是带有神秘配方的 5~12 岁小孩喝的果汁,价格定位也比果汁饮料市场领导品牌高 20%。当时,市场竞争十分激烈,很多企业都大打降价牌。最终,可口可乐公司走出了促销创新的新路子:既然"酷儿"上市走的是"角色行销"的方式,那就来一个"角色促销"。于是,"酷儿"玩偶进课堂派送"酷儿"饮料和文具盒、买"酷儿"饮料赠送"酷儿"玩偶、在麦当劳吃儿童乐园套餐送"酷儿"饮料和礼品、"酷儿"幸运树抽奖、"酷儿"脸谱收集、"酷儿"路演……

12. 提早出击策略

有时候,对手比自己强大许多,他们的促销强度自然也比自己强大。此时,最好的应对方法是提前做促销,令消费者的需求提前得到满足,当对手的促销开展之时,消费者已经毫无兴趣。例如,A 公司准备上一个新的洗衣粉产品,并针对自己的品牌策划了一系列的产品上市促销攻势。B 公司虽然不知道 A 公司到底会采用什么样的方法,但知道自己实力无法与之抗衡。于是,在 A 公司的产品上市前一个月,B 公司开始了疯狂的促销——推出了大包装,并且买二送一、买三送二,低价格"俘虏"了绝大多数家庭主妇。当 A 公司的产品正式上市后,由于主妇们已经储备了大量的 B 公司的产品,所以 A 公司的产品放在货架上几乎无人问津。另外,如果在某些行业摸爬滚打一段时间后,对各竞争对手何时会启动促销大致都会心里有数。比如,面对节假日的消费"井喷","五·一"、"十·一"、元旦、春节,各主要品牌肯定会启动促销活动,促销活动的形式一般都不会有多大变化,往往是买赠、渠道激励、终端奖励等。经常对竞争对手进行分析,一定可以找到一些规律性的东西。针对竞争对手的惯用手法，可以提前采取行动，最好的防守就是进攻。例如，在2005年，针对往年一些乳业公司以旅游为奖项的促销。身居"新鲜"阵营的另一乳业巨头"光明"早早地在华东地区推出了"香港迪士尼之旅"，为自己的新鲜产品助阵促销，并首次在业内把旅游目的地延伸到了内地以外。"香港游"刚刚落幕，"光明"紧接着又与中央电视台体育频道"光明乳业城市之间"节目结盟，同步在中国范围内举行以"健康光明喝彩中国"为主题的大型市场推广活动。其促销产品不仅囊括旗下新鲜乳品，还包括部分常温液态奶，奖项设置也再出新招，"百人法国健康游"成为诱人大奖。

13. 针锋相对策略

简单地说，针锋相对策略就是针对竞争对手的策略发起进攻。例如，1999—2001年，某著名花生油品牌大量印发宣传品，声称其主要竞争对手的色拉油产品没营养、没风味，好看不好吃。2004年，该品牌又改变宣传主题，说竞争对手的色拉油原料在生产过程中用汽油浸泡过，以达到攻击竞争对手，提升自己销量的目的。但是，没有依据地攻击竞争对手是不合法的做法，不应提倡。

14. 搭乘顺风车策略

很多时候，当人们明知对手即将运用某种借势的促销手段时，由于各种条件限制，无法对其打压，也无法照样进行，但由于其可预期有效，如果不跟进，便会失去机会。此时，最好的办法就是搭乘顺风车。例如，2006年德国世界杯上，阿迪达斯全方位赞助。耐克则另辟蹊径，针对网络用户中占很大部分的青少年（耐克的潜在客户），选择与谷歌合作，创建了世界首个足球迷的社群网站，让足球发烧友在这个网络平台上一起交流他们喜欢的球员和球队，观看并下载比赛录像短片、信息、耐克明星运动员的广告等。数百万人登记成为注册会员，德国世界杯成了独属于耐克品牌的名副其实的"网络世界杯"。

15. 高唱反调策略

消费者心智是很易转变的，因此当对手促销做得非常有效，而自己却无法跟进、打压时，那么最好就要高唱反调，将消费者的心智扭转回来，至少也要扰乱消费者，从而达到削弱对手的促销效果。例如，2001年，"格兰仕"启动了一项旨在"清理门户"的降价策略，将一款畅销微波炉的零售价格大幅降至299元，矛头直指"美的"。6个月之后，"格兰仕"将国内高档主流畅销机型"黑金刚系列"全线降价。同时，"美的"也开展了火药味十足的活动，向各大报社传真了一份"关于某厂家推出300元以下的微波炉的回应"材料，认为"格兰仕"虚假言论误导消费者，"美的"要"严斥恶意炒作行为"，"美的"还隆重推出了"破格（格兰仕）行动"。

16. 百上加斤策略

所谓"百上加斤"，是指在对手的促销幅度上加大一点，如对手降低3折，自己就降低5折，对手逢100送10，自己就逢80送10。在很多时候，消费者可能就会因多一点点的优惠，而改变购买意愿。例如，某瓶装水公司举行了"进一箱（12瓶）水送5包餐巾纸"的活动。开始的2个星期，活动在传统渠道（终端零售小店）取得了很大的成功。对此，另一家饮料公司则加大了促销力度，推出了"买水得美钻"的活动，即促销时间内将赠送100颗美钻，价值5600元/颗，采取抽奖方式，确定获得者。另外，在促销时间内，每购买 2 箱水，价值 100 元，可以获得价值 800 元的美钻购买代金券，在指定珠宝行购买美钻，并承诺中奖率高达 60% 以上。促销结果，火得出奇。

17. 错峰促销策略

有时候，针对竞争对手的促销，完全可以避其锋芒，根据情景、目标顾客等的不同相应地进行促销策划，系统思考。例如，"古井贡"开展针对升学的"金榜题名时，美酒敬父母，美酒敬恩师"；针对老干部的"美酒一杯敬功臣"；针对结婚的"免费送丰田花车"等一系列促销活动，取得了较好的效果。

18. 促销创新策略

创新是促销制胜的法宝。实际上，即使是一次普通的价格促销，也可以组合出各种不同的玩法，达到相应的促销目的，这才是创新促销的魅力所在。例如，统一"鲜橙多"为了配合其品牌核心内涵"多喝多漂亮"而推出的一系列促销组合，不但完成了销售促进，同时亦达到了品牌与消费者有效沟通、建立品牌忠诚的目的。统一集团结合品牌定位与目标消费者的特点，开展了一系列与"漂亮"有关的促销活动，以加深消费者对品牌的理解。比如，统一集团在不同的区域市场就推出了"统一鲜橙多 TV-GIRL 选拔赛"、"统一鲜橙多·资生堂都市漂亮秀"、"统一鲜橙多阳光女孩"及"阳光频率统一鲜橙多闪亮 DJ 大挑战"等活动，极大地提高了产品在主要消费人群中的知名度与美誉度，促进了终端消费的形成，扫除了终端消费与识别的障碍。

19. 整合应对策略

整合应对策略就是与互补品合作联合促销，以此达到最大化的效果，并超越竞争对手的声音。例如，看房即送福利彩票、小心中取百万大奖。又如，方正电脑同伊利牛奶和可口可乐的联合促销，海尔冰箱与新天地葡萄酒联合进行的社区、酒店促销推广。在促销过程中要善于"借道"，一方面要培育多种不同的合作方式，如可口可乐与麦当劳、迪士斯公园等的合作，天然气公司与房地产开发商的合作，家电与房地产开发商的合作等；另一方面要借助专业性的大卖场和知名连锁企业，先抢占终端，再逐步形成对终端的控制力。

20. 连环促销策略

保证促销环节的联动性就保证了促销的效果，同时也容易把竞争对手打压下去。实际上，促销活动一般有三方参加：顾客、经销商和业务员。如果将业务员的引力、经销商的推力、活动现场对顾客的拉力三种力量连动起来，就能实现购买吸引力，最大限度地提升销量。例如，某公司活动的主题是"减肥有礼！三重大奖等您拿"，奖品从数码相机到保健凉席，设一、二、三等奖和顾客参与奖。凡是购买减肥产品达一个疗程的消费者均可获赠刮刮卡奖票一张。没刮中大奖的顾客如果在刮刮卡附联填写好顾客姓名、电话、年龄、体重、用药基本情况等个人资料寄到公司或者留在药店收银台，在一个月活动结束后还可参加二次抽奖。奖品从彩电到随身听等分一、二、三等奖。如果年龄在 18~28 岁的年轻女性将本人艺术照片连同购药发票一同寄到公司促销活动组，可参加公司与晚报联合举办的佳丽评选活动（该活动为促销活动的后续促销活动）。该活动的顾客参与度高、活动周期长、活动程序复杂，一下子把竞争对手单一的买一送一活动打压了下去。

21. 善用波谷策略

某纯果汁 A 品牌就针对竞争对手的活动，进行了反击——推出了一个大型的消费积分累计赠物促销（按不同消费金额给予不同赠品奖励）。活动后没几天就受到竞争对手更大力度的同类型促销反击。A 品牌的促销活动原定是 4 周，见到竞争对手有如此强大的反击，便立即停止了促销活动。一周之后，A 品牌的促销活动又重新开始了。但是，形式却变成了"捆绑买赠"。结果，虽然竞争对手花了巨大的代价来阻击 A 品牌的促销，但 A 品牌依然在接下来的一个月里取得了不俗的销售业绩。

四、促销方法与手段

（一）代金券或折扣券

代金券是厂家和零售商对消费者购买的一种奖励手段。例如，顾客消费达到一定额度时，给消费者发放的一种可再次消费的有价凭证。

操作要点：该有价消费券只能在代金券指定的区域和规定品类中使用。代金券或折扣券往往对使用品类有严格限制。通常只能购买那些正常价格内的商品，而不能用于特价销售品种。在使用代金券或折扣券时，价格超出部分需要顾客补现金；代金券或折扣券不能作为现金兑换，使用时富余部分不得退换成现金。通常说来，这种代金券或折扣券的面值都较大，以 50 元、100 元、200 元、500 元的面值较为常见，就是要让消费者通过这种大额消费来拉动消费。

（二）附加交易

附加交易是厂家采取的一种短期降价手段。

操作要点：通过向顾客提供一定数量的免费的同类品种。这种促销手段在超市极为常见，其常用术语为"买×送×"。

（三）特价或折扣

特价或折扣就是通过直接在商品的现有价格基础上进行打折的一种促销手段。

操作要点：折扣的幅度不等，幅度过大或过小均会引起顾客产生怀疑促销活动真实性的心理。而且，这种特价信息通常会注明特价时间段和地点。

（四）"回扣"式促销

给消费者的"回扣"并不在消费者购买商品当时兑现，而是通过一定步骤才能完成的，是对消费者购买产品的一种奖励和回馈。例如，再来一瓶等。

操作要点：通常回扣的标志是附在产品的包装上或是直接印在产品的包装上。例如，酒类的回扣标志一般都套在瓶口。消费者购买了有回扣标志的商品后，需要把这回扣标签寄回给制造商，然后再由制造商按签上的回扣金额数量寄支票给消费者。

（五）抽奖促销

消费者通过购买厂家产品而获得抽奖资格，并通过抽奖来确定自己的奖励额度。目前看来，有奖销售是最富有吸引力的促销手段之一。因为消费者一旦中奖，奖品的价值都很诱人，许多消费者都愿意去尝试这种无风险的有奖购买活动。

操作要点：奖品的设置要对消费者有足够的吸引力，分级奖项的设计要合理。抽奖率的计算要不能低于一定比率，否则会让消费者产生虚假感。中国法律规定有奖销售的单奖金额不得超过 5000 元。此外，除了即买即开的奖品外，为了提高有奖销售的可信度，抽奖的主办单位一般都要请公证机关来监督抽奖现场，并在发行量较大的当地报纸上刊登抽奖结果。

（六）派发"小样"

派发"小样"就是厂家通过向目标消费人群派发自己的主打产品，来吸引消费者对产品和品牌的关注度，以此来扩大品牌影响力，并影响试用者对该产品的后期购买，包括赠送小包装的新产品和现场派发两种。

操作要点：派发的"小样"必须是合格的产品，必须是经过国家各相关部门的检测的。而且那些和宣传单页一起派发的"小样"还必须得到国家指定的广告宣传部门的许可。例如，宝洁公司曾大量在超市派发"潘婷"洗发液的样品，以加强消费者对这种产品的认识。派发"小样"比较适合推广新品时使用。

（七）现场演示

现场演示促销法是为了使顾客迅速了解产品的特点和性能，通过现场为顾客演示具体操作方法来刺激顾客产生购买意愿的做法。例如，一些小家电厂家经常会在大卖场的主通道向消费者现场演示道具的使用方法。具体有蒸汽熨斗、食品加工机、各种清洁工具和保健用品等。

操作要点：演示地点的设置要讲究，既不能影响卖场主通道的人流，又得给消费者的驻足观看留有一定的空间。此外，还要对现场演示道具的安全和摆放效果进行论证。现场演示最大的好处是能够让顾客身历其境，得到感性认识，刺激冲动消费。

（八）有奖竞赛

有奖竞赛是指厂家通过精心设计一些有关企业和产品的问答知识，让消费者在促销现场竞答来宣传企业和产品的一种做法。

操作要点：竞赛的奖品一般为实物，但是也有以免费旅游来作为奖励的。竞赛的地点也可有多种，企业有时通过电视台举办游戏性质的节目来完成竞赛，并通过在电视节目中发放本企业的产品来达到宣传企业和产品的目的。

（九）派发礼品

派发礼品是指企业通过在一些场合发放与企业相关的产品，借此来提高企业和产品的知名度的一种宣传手段。

操作要点：在选择礼品形式时，应注意礼品与目标人群的"匹配"度，而且要注意礼品的质量。例如，一些企业试图在卖场大面积地向顾客发放印有企业和品牌标识的购物袋来提升消费者对企业和品牌的认知度。但是，由于该购物袋的质量很差，让消费者对该品牌产生了不好的印象，认为糊弄人的，而不是促销，这是没有意义的。

（十）购物消费卡

每年政府机关和企事业单位都会有向职工发放一定的福利的习惯。这种福利发放的形式有所转变，一改以前以实物发放形式为以购物消费卡的形式发放。由于这种购物卡能让职工购物有很大的选择余地，再加上减少了中间的环节，大大降低了操作成本，已成为零售大卖场向这些团购单位实施促销的主流促销手段。

操作要点：既然成为一种消费卡，那么购物卡就应具备同一零售系统、不同经营门店内的流通性，而且在卖场内结算上要足够便利。否则，如果在使用该卡时过于繁琐，很容易引发一些购物纠纷。另外，为了避免纠纷，在与企事业单位合作时，应通过签署合同的形式作为保证。国家对购物卡的使用有了监管要求，企业如果涉及这类促销方式要慎重。

（十一）批量折让

批量折让是指生产企业与中间商之间或是批发商与零售商之间，按购买货物数量的多少，给予一定的免费的同种商品。例如，每购买十箱送一箱，就是批量折让。批量折让的目的是激励中间商增加购买量。

操作要点：在折扣点数和形式的选择上，要尽可能与这些中间商的利益需求相匹配，而且要尽可能简化其中的操作环节。

模块 C　营销技能实训

实训项目 1：情景模拟训练——销售淡季的促销

1. 实训目标
（1）通过训练提升促销策略的制定和实施能力；
（2）通过训练提升促销方法及手段的应用能力。

2. 实训情景设置
（1）按模拟企业分组进行；
（2）每个企业模拟不同的促销现场情况；
（3）一个企业在模拟市场情况时，由其他企业模拟竞争者的反应。

3. 实训内容

某销售主管受一家集团委派前往该集团一家子公司担任营销副总经理。当他到这家公司走访和巡视市场的时候，发现很多销售人员要么在宾馆里不出门，要么坐在一级商店内与一级经销商拉家常。他感到奇怪，于是问他们："为什么不去开发、拜访二级经销商和终端零售点？"他得到的回答却是惊人的相似："现在是销售淡季，二级经销商和终端零售点一天卖不出几件产品，我们去了，他们也不会欢迎。"

面临销售淡季，假如你是该营销副总经理，你将重点考虑什么问题？准备采取何种方法和措施，做到淡季不淡？

（资料来源：王瑶. 市场营销基础实训与指导 [M]. 北京：中国经济出版社，2009）

4. 实训过程与步骤
(1) 每个企业受领实训任务；
(2) 必要的理论引导和疑难解答；
(3) 实时的现场控制；
(4) 任务完成时的实训绩效评价。
5. 实训绩效

_____实训报告
第_____次市场营销实训

实训项目：_____
实训名称：_____
实训导师姓名：_____；职称（位）：_____；单位：校内□ 校外□
实训学生姓名：_____；专业：_____；班级：_____
实训学期：_____；实训时间：_____；实训地点：_____
实训测评：

评价项目	教师评价	得分	学生自评	得分
任务理解（20分）				
情景设置（20分）				
操作步骤（20分）				
任务完成（20分）				
训练总结（20分）				

教师评价得分：_____ 学生自评得分：_____ 综合评价得分：_____
实训总结：
获得的经验：_____
_____
存在的问题：_____
_____
提出的建议：_____

实训项目2：方案策划训练——产品促销方案策划训练

1. 实训目标
(1) 能认识并实施组织分工与团队合作；
(2) 能撰写出符合格式要求的产品促销活动方案；
(3) 能整理总结出产品促销活动方案策划课题分析报告；
(4) 能用口头清晰地表达出产品促销活动方案策划实训心得。
2. 实训情景设置
(1) 按模拟企业分组进行；
(2) 每个企业模拟不同的促销现场情况；

（3）一个企业在模拟市场情况时，由其他企业模拟竞争者的反应。

3. 实训内容

为了切实扩大 GC 美妆品牌的知名度，有效提高公司产品销售量，GC 美妆用品有限公司拟于 2 月 14 日"情人节"到来之际，策划实施一次"GC 情人"大型促销活动。本次促销策划项目设置应包括美妆咨询、产品试用、现场销售及美妆设计竞赛等。

每个模拟企业试根据以上背景资料，为 GC 公司撰写一份内容创意鲜明的"GC 情人"大型促销活动策划方案。

（资料来源：罗绍明，等. 市场营销实训教程［M］. 北京：对外经济贸易大学出版社，2010）

4. 实训过程与步骤

（1）每个企业受领实训任务；
（2）必要的理论引导和疑难解答；
（3）实时的现场控制；
（4）任务完成时的实训绩效评价。

5. 实训绩效

_____实训报告
第_____次市场营销实训

实训项目：_____
实训名称：_____
实训导师姓名：_____；职称（位）：_____；单位：校内□ 校外□
实训学生姓名：_____；专业：_____；班级：_____
实训学期：_____；实训时间：_____；实训地点：_____
实训测评：

评价项目	教师评价	得分	学生自评	得分
任务理解（20 分）				
情景设置（20 分）				
操作步骤（20 分）				
任务完成（20 分）				
训练总结（20 分）				

教师评价得分：_____ 学生自评得分：_____ 综合评价得分：_____
实训总结：
获得的经验：_____
_____
存在的问题：_____
_____
提出的建议：_____
_____

实训项目 3：能力拓展训练——推销员和顾客

1. 实训目标

（1）通过训练提升推销过程策划能力；
（2）通过训练提升面对顾客的灵活应变能力；
（3）通过训练提升面对顾客的沟通表达能力；
（4）通过能力训练提升面对顾客的情绪控制能力。

2. 实训情景设置

（1）按模拟企业分组进行；
（2）每个企业模拟不同的促销现场情况；
（3）一个企业在模拟市场情况时，由其他企业模拟竞争者的反应。

3. 实训内容

每个模拟企业派出 2 人为 1 组，互换角色扮演推销员与顾客，进行推销模拟演示，其他企业及同学观看后进行公开分析评价，并进一步归纳提炼推销经验与理论。

场景一：推销员要将企业的某件商品销售给顾客，而顾客却不断挑出商品的各种毛病。推销员应该认真回答顾客的各种问题，即便是一些吹毛求疵的问题也要让顾客满意，不能伤害顾客的感情。

场景二：假设顾客已经将商品买了回去，但是商品在使用后出现一些小问题。顾客找上门来，要讲一大堆对商品的不满，推销员的任务是帮助顾客解决这些问题，提高顾客的满意度。

注意事项：推销的商品尽量选择推销员自己比较熟悉的商品，推销地点不同，接近方法也不同。具体地点由各企业自己商定，并设计推销过程。

（张卫东. 市场营销理论与实践［M］. 北京：电子工业出版社，2011）

4. 实训过程与步骤

（1）每个企业受领实训任务；
（2）必要的理论引导和疑难解答；
（3）实时的现场控制；
（4）任务完成时的实训绩效评价。

5. 实训绩效

_____实训报告
第_____次市场营销实训

实训项目：_____

实训名称：_____

实训导师姓名：_____；职称（位）：_____；单位：校内□ 校外□

实训学生姓名：_____；专业：_____；班级：_____

实训学期：_____；实训时间：_____；实训地点：_____

实训测评：

评价项目	教师评价	得分	学生自评	得分
任务理解（20分）				
情景设置（20分）				
操作步骤（20分）				
任务完成（20分）				
训练总结（20分）				

教师评价得分：_____   学生自评得分：_____   综合评价得分：_____

实训总结：

获得的经验：_____
_____

存在的问题：_____
_____

提出的建议：_____
_____

第十章 市场营销计划、执行与控制实训

实训目标：

(1) 深入理解和应用市场营销计划的制订。
(2) 深入理解市场营销计划的执行。
(3) 深入理解和应用市场营销控制。

模块 A　引入案例

盒装王老吉推广战略

2005年，"怕上火，喝王老吉"已响彻了中国大江南北，一时间喝王老吉饮料成了一种时尚，王老吉饮料成了人们餐间饮料的重要组成部分，而这句广告语也成了家喻户晓、路人皆知的口头禅。

所有的光环都笼罩在红色罐装王老吉身上，而在这光环之外，作为同胞兄弟的绿色盒装王老吉却一直默默无闻。

关于绿色盒装王老吉

凉茶是广东、广西地区的一种由中草药熬制、具有清热去湿等功效的"药茶"。在众多老字号凉茶中，又以王老吉凉茶最为著名。王老吉凉茶发明于清道光年间，至今已有175年历史，被公认为凉茶始祖，有"药茶王"之称。到了近代，王老吉凉茶更随着华人的足迹遍及世界各地。

20世纪50年代初，由于政治原因，王老吉凉茶铺分成两支：一支完成公有化改造，发展为今天的王老吉药业股份有限公司（以下简称王老吉药业）；另一支由王氏家族的后人带到中国香港。在我国内地，王老吉品牌归王老吉药业股份有限公司所有；在我国内地以外的国家和地区，王老吉品牌为王氏后人所注册。

红罐王老吉是香港王氏后人提供配方，经王老吉药业特许，由加多宝公司独家生产经营。盒装王老吉则由王老吉药业生产经营。

王老吉药业以生产经营药品为主业，盒装王老吉作为饮料，其销售渠道、推广方式等均与药品千差万别，一直以来王老吉药业对其推广力度有限。而在红罐王老吉进行大规模推广后，盒装王老吉也主要采取跟随策略，以模仿红罐王老吉为主，没有形

成清晰的推广策略，销量增长缓慢。

同为王老吉品牌，却遭受了如此不同的待遇，着实让盒装王老吉的生产企业——王老吉药业倍感焦急。

从2004年开始，经与加多宝公司协商，盒装王老吉也使用"怕上火，喝王老吉"广告语进行推广。通过一年时间的推广，王老吉药业感到，盒装王老吉以"怕上火，喝王老吉"为推广主题不够贴切，不能最大限度促进销量增长。同时，王老吉药业隐约觉得，盒装王老吉的市场最大潜力应该来自于对红罐王老吉的细分。如果要细分，就一定要找到盒装王老吉与红罐王老吉的不同点，也许是不同的价格、也许是不同的人群、也许是不同的场合……

由此，2005年年底，王老吉药业向其战略合作伙伴成美营销顾问公司提出一个课题，即"盒装王老吉如何细分红罐王老吉的市场，以此形成策略指导盒装王老吉的市场推广"。

细分红罐王老吉，利大于弊还是弊大于利？

作为王老吉药业的战略顾问公司，成美专家就该课题进行了专项研究，随着研究的展开，一个疑问油然而生，细分红罐王老吉的市场是否真能最大限度促进盒装王老吉的销售？

成美从消费者、竞争者及自身三个方面进行了分析研究。

从消费者角度来看，盒装王老吉与红罐王老吉没有区别，是同品牌的不同包装、不同价格而已。虽然盒装王老吉与红罐王老吉是两个企业生产的产品，但在消费者眼中它们不过是类似于瓶装可乐和罐装可乐的区别，只是将同样的产品放在的不同的容器中而已，是同一个产品系列，不存在本质上的差别。而盒装王老吉与红罐王老吉在价格上的差异，也是因为包装的不同而产生的。由此可见，消费者将盒装王老吉与红罐王老吉等同视之，如果一个品牌两套说辞将使消费者头脑混乱。

从产品本身来看，盒装王老吉因包装、价格不同，已存在特定消费群和消费场合。正由于包装形式的不同决定盒装王老吉与红罐王老吉在饮用场合上也存在差异。红罐王老吉以红色铁罐的"着装"展现于人，显得高档、时尚，能满足中国人的礼仪需求，可作为朋友聚会、宴请等社交场合饮用的饮料，故红罐王老吉在餐饮渠道表现较好。盒装王老吉以纸盒包装出现，本身分量较轻，包装质感较差，不能体现出档次，无法与红罐王老吉在餐饮渠道竞争。排除了盒装王老吉在餐饮渠道销售的机会，那么在即饮（即方便携带的小包装饮料，开盖即喝）和家庭消费（非社交场合）市场是否存在机会？即饮和家庭消费市场的特点是什么？价格低、携带方便，不存在社交需求。对于即饮市场，红罐王老吉每罐3.5元的零售价格与市场上其他同包装形式的饮料相比，价格相对较高，不能满足对价格敏感的收入有限的消费人群（如学生等）。而盒装王老吉同为"王老吉"品牌，每盒2元的零售价格对于喜欢喝王老吉饮料的上述人群而言，无疑是最佳选择。家庭消费市场则以批量购买为主，在家里喝饮料没有讲排场、面子的需求，在质量好的前提下，价格低廉成为家庭购买的主要考虑因素。盒装王老吉同样满足这一需求。因此，在即饮和家庭消费市场，盒装王老吉可作为红罐王老吉不能顾及到的市场的补充。

从竞争者角度来看，开拓市场的任务仍旧由红罐王老吉承担。预防上火饮料市场仍处于高速增长时期，该市场还有待开拓。红罐王老吉已经牢牢占据了领导品牌的地位，成为消费者的第一选择，开拓品类的任务，红罐王老吉当之无愧，也只有红罐王老吉才能够抵挡住下火王、邓老凉茶等其他凉茶饮料的进攻。作为当时销量尚不及红罐王老吉十分之一的盒装王老吉，显然无法承担该重任。因此，从战略层面来看，盒装王老吉应全力支持红罐王老吉开拓"预防上火的饮料"市场，自己则作为补充而坐收渔利，万不可后院放火，争夺红罐的市场，最终妨碍红罐王老吉"预防上火的饮料"市场的开拓，细分红罐王老吉必定会因小失大，捡芝麻而丢西瓜。

综上所述，研究表明：消费者认为盒装王老吉与红罐王老吉不存在区别；开拓"预防上火的饮料"市场的任务主要由红罐王老吉承担，盒装王老吉不能对其进行伤害；盒装王老吉因价格、包装因素在即饮和家庭消费市场可作为红罐王老吉顾及不到的市场的补充。因此，盒装王老吉应采用的推广战略是作为红罐王老吉的补充，而非细分。

理清思路，确定具体推广策略

既然确定了盒装王老吉是对红罐王老吉的补充，那么如何具体实施呢？接下来，成美对具体推广策略进行了研究制定。

首先，明确盒装王老吉与红罐王老吉的差异。在此必须指出的是，该差异是指消费者所感知到的差异，而非生产企业认为的差异。消费者认为盒装王老吉与罐装王老吉的差异是：相同的产品，不同的包装、价格。因此，在推广时一定要与罐装王老吉的风格保持一致，避免刻意强调一个是加多宝公司生产的红罐王老吉，一个是王老吉药业生产的盒装王老吉，让消费者产生这是两个不同产品的错觉。

其次，确定盒装王老吉的目标消费群。如前所述，盒装王老吉的主要消费市场是即饮市场和家庭，结合盒装王老吉2元每盒的零售价格及纸盒形式的包装，可以确定在即饮市场中将会以对价格敏感的收入有限的人群为主要消费群，如学生、工人等。在家庭消费市场中，由于家庭主妇是采购的主力军，因此将家庭主妇作为盒装王老吉家庭消费的主要推广对象。

最后，确定推广战略。通过系统的研究分析，最终确定盒装王老吉的推广要达到两个目的：其一，要让消费者知道盒装王老吉与红罐王老吉是相同的王老吉饮料；其二，盒装王老吉是红罐王老吉的不同规格。据此，盒装王老吉的广告语最后确定为："王老吉，还有盒装。"

在具体推广执行中，成美建议，影视广告场景在着重表现出家庭主妇及学生为主体的消费群的同时，要强调新包装上市的信息。平面广告设计在征得加多宝公司的同意后，大量借用红罐王老吉的表现元素，以便更好地与红罐王老吉产生关联，易于消费者记忆。

策略制定后，王老吉药业据此进行了强有力的市场推广，2006年销售额即由2005年的2亿元跃至4亿元，而2010年销量已突破14亿元（见表10-1）。

在现代营销战争中,制定和实施成功的品牌战略才是赢得战争的关键,而目前仍让不少企业津津乐道的铺货率、强力促销等"制胜法宝"在残酷的市场竞争中将很快变得稀松平常,乏善可陈——只不过是使每个企业生存下来的必备条件而已,而制定正确的品牌战略才是企业制胜的"根本大法"。正如世界著名营销战略家特劳特先生所言:"战略和时机的选择才是市场营销的喜马拉雅山,其他只是小丘陵。"

表10-1　　　　　　　　　　盒装王老吉历年销量

2003年	2004年	2005年	2006年	2007年	2008年	2009年	2010年
近5千万元	8千万元	2亿元	4亿元	8亿元	10亿元	13亿元	14亿元

(资料来源:http://chengmei-trout.com/case_detail.aspx?id=260)

案例思考:

(1) 市场营销计划的依据是什么?
(2) 市场营销计划与市场营销战略具有怎样的关系?

模块B　基础理论概要

一、市场营销计划的内涵

市场营销计划是指在研究目前市场营销状况(包括市场状况、产品状况、竞争状况、分销状况和宏观环境状况等),分析企业所面临的主要机会与威胁、优势与劣势以及存在问题的基础上,对财务目标与市场营销目标、市场营销战略、市场营销行动方案以及预计损益表的确定和控制。

市场营销计划的内容应包括执行纲领、目前营销状况、威胁与机会、营销目标、营销策略、行动方案、预算、控制。

与市场营销有关的企业计划包括企业计划、业务部计划、产品线计划、产品计划、品牌计划、市场计划、产品(市场)计划、职能计划。

二、营销计划的制订

制订营销计划是企业根据自身所处的营销环境,整合营销资源,制定营销战略和营销策略的过程。因此,营销计划包括两个部分,即营销战略的制定(包括营销战略目标、战略重点和实施步骤的确定)和营销策略的制定(包括进行市场细分、选择目标市场、产品定位和营销组合的确定)。

(一)营销战略的制定

制定营销战略的依据是营销环境分析。环境分析的主要目的是找出外部环境中的机会和威胁、企业内部环境中自身的优势和劣势。宏观环境分析涉及国家有关经济产业政策；中观环境指行业环境分析和行业竞争对手分析，这是制定企业营销活动的关键因素；微观环境分析主要包括企业基本经营状况分析、企业具备的优势、企业存在的弱点等。在对营销环境进行了分析之后，就可以制定企业的营销战略了。

1. 企业营销目标的确立

经过环境分析，就可以将外部机会与威胁同内部优势与劣势加以综合权衡，利用优势，把握机会，降低劣势，避免威胁。这个过程就构成了市场营销战略的选择过程。有三种提供成功机会的战略方法可以使企业成为同行业中的佼佼者，即成本领先战略、差别化战略、集中化战略。通过这三种基本战略方法的特征分析及企业所处行业的结构特点分析、竞争对手分析及企业具备的优劣势、面临的机会与威胁分析，可以确定企业自身的基本战略模式，并可根据企业的现有条件，如市场占有率、品牌、经销网络确定企业的营销战略目标。企业营销战略目标通常包括产品的市场占有率、企业在同行业中的地位、完成战略目标的时间。

2. 企业营销战略重点

通常根据企业已确定的市场营销战略目标结合企业的优势，如品牌优势、成本优势、销售网络优势、技术优势、形象优势确定企业的营销战略重点。

3. 企业营销战略实施步骤

为建立保持当前市场和开发新市场双重目标，可以把企业的营销战略实施分为三个步骤，即可以分为短期战略、中期战略及长期战略三种步骤来实施。短期战略要点包括保持传统市场不被挤出及扩大新市场潜入能力。中期营销战略要点包括扩大新市场潜入能力和开辟未来市场；开发新产品可行性；克服竞争威胁。长期市场开发战略要点包括调整企业的产品结构和改变市场组成；预测潜在的竞争对手。

(二) 营销策略的制定

企业的市场营销策略制定过程是同企业的市场营销战略制定过程相交叉的。在企业的市场营销战略确定后，市场营销策略就必须为市场营销战略服务，即全力支持市场营销战略目标的实现。市场营销策略的制定过程包括发现、分析及评价市场机会；细分市场和选择目标市场；市场定位；市场营销组合；市场营销预算。

1. 发现、分析及评价市场机会

所谓市场机会，就是市场上存在的尚未满足的需求，或未能很好满足的需求。寻求市场机会一般有以下几种方法：

(1) 通过市场细分寻求市场机会。

(2) 通过产品/市场发展矩阵图来寻找市场机会。

(3) 通过大范围搜集意见和建议的方式寻求市场机会。

对市场机会的评价，一般包括以下工作：

(1) 评审市场机会能否成为一个拥有足够顾客的市场。

(2) 当一个市场机会能够成为一个拥有足够顾客的现实市场时，要评审企业是否拥有相应的生产经营能力。

2. 细分市场和选择目标市场

所谓细分市场，是指按照消费者欲望与需求把一个总体市场划分成若干个具有共同特征的子市场。因此，分属于同一细分市场的消费者，他们的需要和欲望极为相似；分属于不同细分市场的消费者对同一产品的需要和欲望存在着明显的差别。细分市场不仅是一个分解的过程，也是一个聚集的过程。所谓聚集的过程，就是把对某种产品特点最易做出反应的消费者集合成群。这种聚集过程可以依据多种标准连续进行，直到识别出其规模足以实现企业利润目标的某一个消费者群。"矩阵图"是企业细分市场的有效方法。

在市场细分的基础上，企业可以从中选定目标市场，同时制定相应的目标市场范围战略。由于不同的细分市场在顾客偏好、对企业市场营销活动的反应、盈利能力及企业能够或愿意满足需求的程度等方面各有特点，营销管理部门要在精心选择的目标市场上慎重分配力量，以确定企业及其产品准备投入哪些市场，如何投入这些市场。

3. 市场定位

目标市场范围确定后，企业就要在目标市场上进行定位了。市场定位是指企业全面地了解、分析竞争者在目标市场上的位置后，确定自己的产品如何接近顾客的营销活动。

市场定位离不开产品和竞争，所以市场定位常与产品定位和竞争性定位的概念交替使用。市场定位强调的是企业在满足市场需要方面，与竞争者相比应处于什么位置；产品定位是指就产品属性而言，企业与竞争者的现有产品应在目标市场上各处于什么位置；竞争性定位是指目标市场上，和竞争者的产品相比企业应提供什么样有特色的产品。可以看出，三个概念形异实同。

4. 市场营销组合

所谓市场营销组合，就是企业根据可能的机会，选择一个目标市场，并试图为目标市场提供一个有吸引力的市场营销组合。市场营销组合对企业的经营发展，尤其是市场营销实践活动有重要作用。市场营销组合是制定企业市场营销战略的基础，它能保证企业从整体上满足消费者的需求，是企业对付竞争者的强有力的武器。

市场营销组合包括如下内容：

（1）产品策略是指企业为目标市场提供的产品及其相关服务的统一体，具体包括产品的质量、特色、外观、式样、品牌、包装、规格、服务、保证、退货条件等内容。

（2）定价策略是指企业制定的销售给消费者的商品的价格，具体包括价目表中的价格、折扣、折让、支付期限和信用条件等内容。

（3）分销策略是指企业选择的把产品从制造商转移到消费者的途径及其活动，具体包括分销渠道、区域分布、中间商类型、营业场所、运输和储存等。

（4）促销策略是指企业宣传介绍其产品的优点和说服目标顾客来购买其产品所进行的种种活动，具体包括广告、人员推销、销售促进和公共宣传等内容。

市场营销组合中可以控制的产品、价格、分销和促销四个基本变数是相互依存、相互影响的。在开展市场营销活动时，不能孤立地考虑某一因素，因为任何一个因素的特殊优越性并不能保证营销目标的实现，只有四个变数优化组合才能创造最佳的市场营销效果。

5. 市场营销预算

一定的市场营销组合决策需要一定的营销费用开支，而且总的营销费用支出还要合理地在市场营销组合的各种手段间进行预算分配。企业总的营销费用预算一般是基于销售额的传统比率确定的。公司要分析为达到一定的销售额或市场份额所必须要做的事以及计算出做这些事的费用，以便确定营销费用总开支，并将营销费用在各职能部门或各营销手段之间进行分配。

三、市场营销计划书样本

（一）执行概要和要领

执行概要和要领包括商标、定价、重要促销手段、目标市场等。

（二）目前状况

市场状况：目前产品市场、规模、广告宣传、市场价格、利润空间等。
产品状况：目前市场上的品种、特点、价格、包装等。
竞争状况：目前市场上的主要竞争对手与基本情况。
分销状况：销售渠道等。
宏观环境状况：消费群体与需求状况。

（三）SWOT问题分析

优势：销售、经济、技术、管理、政策等方面的优势。
劣势：销售、经济、技术、管理、政策（如行业管制等政策限制）等方面的劣势。
机会：市场机率与把握情况。
威胁：市场竞争上的最大威胁力与风险因素。

（四）目标

财务目标：公司未来3年或5年的销售收入预测（融资成功情况下）。
销售目标：销售成本毛利率达到多少。

（五）战略

定价：产品销售成本的构成及销售价格制定的依据等。
分销：分销渠道（包括代理渠道等）。
销售队伍：组建与激励机制等情况。
服务：售后客户服务。
广告：宣传广告形式。
促销：促销方式。
研发（R&D）：产品完善与新产品开发举措。
市场调研：主要市场调研手段与举措。
除此之外还包括目标市场、定位、产品线。

（六）行动方案

行动方案包括活动（时间）安排。

（七）预计的损益表及其他重要财务规划表

（略）

（八）风险控制

风险控制包括风险来源与控制方法。

对于市场竞争强烈的行业领域（如普通生活消费品的生产销售项目），除了商业计划书外，国际投资商一般都希望看到项目方提供的市场营销计划书。

四、市场营销计划的执行

执行市场营销计划是指将营销计划转变为具体营销行动的过程，即把企业的经济资源有效地投入到企业营销活动中，完成计划规定的任务、实现既定目标的过程。

营销计划执行的过程包括制订行动方案、建立组织结构、设计决策和报酬制度、开发人力资源、建设企业文化、市场营销战略实施及调整系统各要素间的关系。

五、市场营销控制

在执行市场营销计划的过程中可能会出现许多意外情况，企业必须行使控制职能以确保营销目标的实现。即使没有意外情况，为了防患于未然，或为了改进现有的营销计划，企业也要在计划执行过程中加强控制。控制市场营销计划包括年度计划控制、盈利能力控制和战略控制三种类型。

（一）年度计划控制

年度计划控制是指由企业高层管理人员负责的，旨在发现计划执行中出现的偏差，并及时予以纠正，帮助年度计划顺利执行，检查计划实现情况的营销控制活动。一个企业有效的年度计划控制活动应实现以下具体目标：第一，促使年度计划产生连续不断的推动力；第二，使年度控制的结果成为年终绩效评估的依据；第三，发现企业潜在的问题并及时予以解决；第四，企业高层管理人员借助年度计划控制监督各部门的工作。

一般而言，企业的年度计划控制包括销售分析、市场占有率分析、市场营销费用率分析、财务分析和顾客态度追踪等内容。

销售分析就是要衡量并评估企业的实际销售额与计划销售额之间的差异情况。

市场占有率分析根据企业选择的比较范围不同，有全部市场占有率、服务市场占有率、相对市场占有率等测量指标。

市场营销费用率分析指营销费用对销售额的比率，还可进一步细分为人员推销费用率、广告费用率、销售促进费用率、市场营销调研费用率、销售管理费用率等。

财务分析主要是通过一年来的销售利润率、资产收益率、资本报酬率和资金周转率等指标了解企业的财务情况。

顾客态度追踪指企业通过设置顾客抱怨和建议系统、建立固定的顾客样本或者通过顾客调查等方式，了解顾客对本企业及产品的态度变化情况。

（二）盈利能力控制

盈利能力控制一般由企业内部负责监控营销支出和活动的营销会计人员负责，旨在测定企业不同产品、不同销售地区、不同顾客群、不同销售渠道以及不同规模订单的盈利情况的控制活动。盈利能力控制包括各营销渠道的营销成本控制、各营销渠道的营销净损益和营销活动贡献毛收益（销售收入-变动性费用）的分析，以及反映企业盈利水平的指标考察等内容。

营销渠道的贡献毛收益是收入与变动性费用相抵的结果，净损益则是收入与总费用配比的结果。没有严格的对市场营销成本和企业生产成本的控制，企业要取得较高的盈利水平和较好的经济效益是难以想象的。因此，企业一定要对直接推销费用、促销费用、仓储费用、折旧费用、运输费用、其他营销费用，以及生产产品的材料费、人工费和制造费进行有效控制，全面降低支出水平。盈利能力的指标包括资产收益率、销售利润率和资产周转率、现金周转率、存货周转率和应收账款周转率、净资产报酬率等。此外，费用支出必须要与相应的收入结合起来分析，才能了解企业的盈利能力。

（三）战略控制

战略控制是指由企业的高层管理人员专门负责的。营销管理者通过采取一系列行动，使市场营销的实际工作与原战略规划尽可能保持一致，在控制中通过不断的评估和信息反馈，连续地对战略进行修正。与年度计划控制和盈利能力控制相比，市场营销战略控制显得更重要，因为企业战略是总体性的和全局性的。而且战略控制更关注未来，战略控制要不断地根据最新的情况重新估价计划和进展，因此战略控制也更难把握。在企业战略控制过程中，我们主要采用营销审计这一重要工具。

营销审计是对一个企业或一个业务单位的营销环境、目标、战略和活动所进行的全面的、系统的、独立的和定期的检查，其目的在于决定问题的范围和机会，提出行动计划，以提高企业的营销业绩。一次完整的营销审计活动的内容是十分丰富的，概括起来包括六个大的方面：营销环境审计、营销战略审计、营销组织审计、营销系统审计、营销生产率审计、营销功能审计。

模块 C 营销技能实训

实训项目 1：情景模拟训练——大海求生

1. 实训目标

（1）能认识并实施组织分工与团队合作；

（2）通过训练提升实施和执行市场营销的能力；

（3）通过训练提升市场营销控制能力。

2. 实训情景设置

（1）按模拟企业分组进行；

（2）每个企业模拟不同的决策情况；

（3）一个企业在模拟市场情况时，由其他企业模拟竞争者的反应。

3. 实训内容

在茫茫的冰海上，一艘客船触礁沉没，在沉没前，有7个人登上了救生艇，分别是身体受伤但神志清醒的老船长、戴罪潜藏在客船上的水手、独臂少年、未婚的孕妇、日本籍年轻女子、主持国家重大经济项目的老专家、经验丰富的老医生。这7个人在惊恐中发现，救生艇只能承受3个人的重量，如果不能在20分钟内决定哪4个人离开，小艇就会沉没，7个人都无法生存。

游戏规则：每个企业派出1人充当模拟招聘者，从其他公司派出另外3名同学充当模拟应聘者。3名模拟应聘者在10分钟内决定哪3个人留下，但条件是：3人必须能达成一致的意见；在讨论当中，不仅考察团队结果，还要考察个人表现。模拟招聘者决定3名应聘者中唯一的胜出者是谁。4名同学都要系统阐述自己做出决策的理由。各模拟企业全面讨论分析各种决策体现了什么样的指导思想？

（资料来源：张卫东. 市场营销理论与实践［M］. 北京：电子工业出版社，2011）

4. 实训过程与步骤

（1）每个企业受领实训任务；

（2）必要的理论引导和疑难解答；

（3）实时的现场控制；

（4）任务完成时的实训绩效评价。

5. 实训绩效

```
_____实训报告
第_____次市场营销实训
实训项目：_____
实训名称：_____
实训导师姓名：_____；职称（位）：_____；单位：校内□ 校外□
实训学生姓名：_____；专业：_____；班级：_____
实训学期：_____；实训时间：_____；实训地点：_____
实训测评：
```

评价项目	教师评价	得分	学生自评	得分
任务理解（20分）				
情景设置（20分）				
操作步骤（20分）				
任务完成（20分）				
训练总结（20分）				

```
教师评价得分：_____  学生自评得分：_____  综合评价得分：_____
实训总结：
获得的经验：_____
           _____
存在的问题：_____
           _____
提出的建议：_____
```

实训项目2：方案策划训练——市场营销计划创作训练

1. 实训目标
（1）能撰写出符合实训要求的市场营销计划；
（2）能整理总结出市场营销计划创作课题分析报告；
（3）能用口头清晰地表达出市场营销计划创作实训心得。

2. 实训情景设置
（1）按模拟企业分组进行；
（2）每个企业模拟不同的市场情况；
（3）一个企业在模拟市场情况时，由其他企业模拟竞争者的反应。

3. 实训内容
GL美妆用品有限公司经过十多年的发展，已成为我国南方地区较为知名的美妆用品企业，年销售额达到1亿元。公司生产的新型植物蛋白美妆用品富含保湿超高弹性活力分子，具有高效润肤与持续保湿的功效，属于国家专利产品。为扩大市场份额，

GL公司准备开拓我国北方市场,以实现企业的飞跃性发展。

请每个模拟企业在对我国美妆用品市场状况和竞争状况做出详细调研的基础上,为GL公司制订一份开拓市场的营销战略计划。

(资料来源:罗绍明,等.市场营销实训教程[M].北京:对外经济贸易大学出版社,2010)

4. 实训过程与步骤

(1)每个企业受领实训任务;
(2)必要的理论引导和疑难解答;
(3)实时的现场控制;
(4)任务完成时的实训绩效评价。

5. 实训绩效

_____ 实训报告
第_____次市场营销实训

实训项目:_____
实训名称:_____
实训导师姓名:_____;职称(位):_____;单位:校内□ 校外□
实训学生姓名:_____;专业:_____;班级:_____
实训学期:_____;实训时间:_____;实训地点:_____
实训测评:

评价项目	教师评价	得分	学生自评	得分
任务理解(20分)				
情景设置(20分)				
操作步骤(20分)				
任务完成(20分)				
训练总结(20分)				

教师评价得分:_____ 学生自评得分:_____ 综合评价得分:_____
实训总结:
获得的经验:_____

存在的问题:_____

提出的建议:_____

实训项目3:观念应用训练——产品用途拓展

1. 实训目标

(1)通过训练提升进行市场营销创新的能力;

（2）通过训练提升创意思维能力。

2. 实训情景设置

（1）按模拟企业分组进行；

（2）每个企业独立提供产品用途的思路。

3. 实训内容

确定一样物品，可以是任何一件物品，但为了使实训活动顺利进行，最好选择学生比较熟悉的产品，如手机、饮料等；如果是大家不十分熟悉的新产品，则要求说明其基本功能、内在原理、构成材料等。每个模拟企业发挥团队的力量，尽量多地说出该产品的用途，并由本企业派出 1 人做好记录。5 分钟结束后，各企业同时派出 1 人，依次到前台汇报其代表企业发现的用途数量，并向全班宣读，在此期间不准做任何修改。对其他最新奇、最疯狂、最具建设性的用途加倍计分，想法最多、最新奇的企业获胜。

游戏规则：不许有任何批评意见，只考虑想法，不考虑可行性；鼓励异想天开，想法越新奇、古怪越好；可以寻求各种想法的组合和改进。

（资料来源：张卫东. 市场营销理论与实践［M］. 北京：电子工业出版社，2011）

4. 实训过程与步骤

（1）每个企业受领实训任务；

（2）必要的理论引导和疑难解答；

（3）实时的现场控制；

（4）任务完成时的实训绩效评价。

5. 实训绩效

<u>　　　　　</u>实训报告
第<u>　　　　　</u>次市场营销实训

实训项目：_____
实训名称：_____
实训导师姓名：_____；职称（位）：_____；单位：校内□ 校外□
实训学生姓名：_____；专业：_____；班级：_____
实训学期：_____；实训时间：_____；实训地点：_____
实训测评：

评价项目	教师评价	得分	学生自评	得分
任务理解（20分）				
情景设置（20分）				
操作步骤（20分）				
任务完成（20分）				
训练总结（20分）				

教师评价得分：_____　学生自评得分：_____　综合评价得分：_____
实训总结：
获得的经验：_____
_____

存在的问题：_____
_____

提出的建议：_____
_____

主要参考文献

[1] 菲利普·科特勒. 市场营销学 [M]. 11版. 赵占波, 译. 北京: 机械工业出版社, 2013.

[2] 吴健安. 市场营销学 [M]. 4版. 北京: 高等教育出版社, 2011.

[3] 菲利普·科特勒, 加里·阿姆斯特朗. 市场营销原理 [M]. 13版. 楼尊, 译. 北京: 中国人民大学出版社, 2010.

[4] 纪宝成. 市场营销学教程 [M]. 5版. 北京: 中国人民大学出版社, 2012.

[5] 郭国庆. 市场营销学通论 [M]. 5版. 北京: 中国社会科学出版社, 2011.

[6] 希夫曼. 消费者行为学 [M]. 10版. 江林, 译. 北京: 中国人民大学出版社, 2011.

[7] 万后芬. 市场营销教程 [M]. 武汉: 华中科技大学出版社, 2011.

[8] 吕一林, 冯蛟. 现代市场营销学 [M]. 5版. 北京: 清华大学出版社, 2012.

[9] 杨慧. 市场营销学 [M]. 3版. 北京: 中国社会科学出版社, 2011.

[10] 佩罗, 等. 市场营销学基础 [M]. 18版. 孙瑾, 译. 北京: 中国社会科学出版社, 2012.

[11] 吴泗宗. 市场营销学 [M]. 4版. 北京: 清华大学出版社, 2012.

[12] 李先国. 市场营销学 [M]. 北京: 中国财政经济出版社, 2005.

[13] 张卫东. 现代市场营销学 [M]. 重庆: 重庆大学出版社, 2004.

[14] 楼红平. 市场营销 [M]. 上海: 上海交通大学出版社, 2009.

[15] 魏玉芝. 市场营销 [M]. 北京: 清华大学出版社, 2008.

[16] 吴勇. 市场营销 [M]. 北京: 高等教育出版社, 2008.

[17] 王旻, 等. 消费者行为学 [M]. 北京: 机械工业出版社, 2008.

[18] 卢泰宏. 消费者行为学 [M]. 北京: 高等教育出版社, 2005.

[19] 方少华. 市场营销咨询 [M]. 北京: 电子工业出版社, 2006.

[20] 彭于寿. 市场营销案例分析教程 [M]. 北京: 北京大学出版社, 2007.

[21] 赵兴军. 现代市场营销学案例教程 [M]. 北京: 北京交通大学出版社, 2008.

[22] 封展旗. 市场营销案例分析 [M]. 北京: 中国电力出版社, 2008.

[23] 盛敏. 市场营销案例 [M]. 上海: 复旦大学出版社, 2005.

[24] 惠碧仙, 王军旗. 市场营销基本理论与案例分析 [M]. 北京: 中国人民大学出版社, 2004.

[25] 叶生洪. 市场营销经典案例与解读 [M]. 广州: 暨南大学出版社, 2006.

［26］李世杰.市场营销与策划［M］.北京：清华大学出版社，2006.

［27］夏武.市场营销策划：原理、案例、策划［M］.南京：南京大学出版社，2007.

［28］杨劲祥.营销策划实务［M］.大连：东北财经大学出版社，2009.

［29］余颖.营销策划［M］.北京：北京师范大学出版社，2007.

［30］霍亚楼，王志伟.市场营销策划［M］.北京：对外经济贸易大学出版社，2008.

［31］孙玮琳，石琼.营销策划实训［M］.大连：东北财经大学出版社，2011.

［32］叶峥.营销策划技能实训［M］.北京：中国人民大学出版社，2010.

［33］周雪梅.营销策划实训［M］.北京：中国人民大学出版社，2009.

［34］郑方华.营销策划技能案例训练手册［M］.北京：机械工业出版社，2008.

［35］罗绍明.市场营销实训教程［M］.北京：对外经济贸易大学出版社，2010.

［36］张卫东.市场营销理论与实践［M］.北京：电子工业出版社，2011.

［37］王瑶.市场营销基础实训与指导［M］.北京：中国经济出版社，2009.

［38］屈冠银.市场营销理论与实训教程［M］.2版.北京：机械工业出版社，2009.

［39］黄沛.新编营销实务教程［M］.北京：清华大学出版社，2005.

［40］姚丹，鲍丽娜.市场营销实训教程［M］.大连：东北财经大学出版社，2009.

［41］王亮.市场营销实验实训教程［M］.合肥：安徽大学出版社，2013.

［42］梁健爱，连漪.市场营销实训教程［M］.北京：清华大学出版社，2011.

［43］魏玉芝.市场营销实训项目教程［M］.北京：清华大学出版社，2010.

［44］李海琼.市场营销实训教程［M］.北京：清华大学出版社，2013.

［45］谭立勤，董亚妮，汪嘉彬.市场营销学综合实训教程［M］.成都：西南财经大学出版社，2012.

［46］李湘滇.市场营销实训：核心能力拓展项目教程［M］.北京：电子工业出版社，2011.

［47］彭石普.市场营销原理与实训教程［M］.北京：高等教育出版社，2006.

［48］谢守忠，吴怀涛.市场营销实训教程［M］.武汉：武汉大学出版社，2008.

［49］崔译文，谢声.现代市场营销与实训教程［M］.广州：暨南大学出版社，2008.

［50］李毅，杨忠佩.市场营销基础理论与实训能力训练手册［M］.武汉：武汉大学出版社，2011.

［51］戴军.市场营销学实训教程［M］.北京：清华大学出版社，2011.

［52］郝黎明.市场营销实训教程［M］.北京：机械工业出版社，2010.

［53］何静.市场营销学实训［M］.武汉：华中科技大学出版社，2008.

［54］宋建萍.市场营销原理与实训［M］.天津：天津大学出版社，2008.

［55］黄彪虎.市场营销原理与操作［M］.北京：北京交通大学出版社，2008.

［56］赵越.市场营销实训［M］.北京：首都经济贸易大学出版社，2007.

［57］胡德华.市场营销理论与实务［M］.北京：电子工业出版社，2009.

［58］方四平，吕契莲.市场营销技能训练［M］.北京：清华大学出版社，2009.

［59］欧阳卓飞.市场营销调研［M］.2版.北京：清华大学出版社，2012.

［60］景奉杰.市场营销调研［M］.北京：高等教育出版社，2010.

［61］周宏敏.市场调研实训教程［M］.北京：清华大学出版社，2011.

［62］曾凡跃.现代市场营销策略［M］.北京：电子工业出版社，2005.

［63］陈放.产品策划［M］.北京：知识产权出版社，2000.

［64］傅浙铭.定价与分销策略［M］.广州：南方日报出版社，2004.

［65］董方累.有效的分销管理［M］.北京：北京大学出版社，2003.

［66］吕一林.营销渠道决策与管理［M］.北京：中国人民大学出版社，2005.

［67］艾米莉.渠道的革命［M］.北京：北京工业大学出版社，2006.

［68］佘伯明.分销渠道实训［M］.大连：东北财经大学出版社，2011.

［69］周广华，千方彬，谢爱丽.促销管理实战［M］.广州：广东经济出版社，2003.

［70］乔布，兰开斯特.推销与销售管理［M］.俞利军，译.北京：中国人民大学出版社，2007.

［71］奥里森.马登.推销之神全集［M］.刘树林，译.北京：中国发展出版社，2005.

［72］高红梅.推销实训教程［M］.北京：清华大学出版社，2010.

［73］高目，文洁.谁能把梳子卖给和尚［M］.深圳：海天出版社，2002.